à la rencontre

DES GRANDS MAÎTRES

Design graphique : Ann-Sophie Caouette
Traitement des images : Mélanie Sabourin
Révision et correction des textes : Céline Sinclair
Traduction : Jacques Desfossés, Michelle Laplante
Collaboration à la conception : Michelle Laplante
Collaboration à l'écriture : Karl Hearne, Michelle Laplante
Révision et vérification des informations : Tiziana B. Saad
Images vidéo : Michael Wees
Le haiku de la page 7 est tiré de *Haiku : anthologie du poème court japonais*, aux éditions Gallimard

Photographies : Eric Benssoussan (Okinawa), Abhish Birla (Inde, France), Bob Carver (Thaïlande), Colette Désilets (Brésil), Daniel Ferguson (Thaïlande, Japon, Inde), Jean Frenette (Okinawa), Brent Marrale (Japon), Ravi Shankar K.V (Inde), Anne Sobotta (Brésil), Michael Wees (Brésil, Thaïlande, Okinawa, Japon, Inde, France), Josette D. Normandeau (Brésil, Thaïlande, Okinawa, Japon, Inde, France)
Photos d'archives p. 106 : N.A.R.A Washington, D.C.
Photo de Dan Inosanto : courtoisie de Paola Inosanto
Illustrations p. 39 : Sandra Whiteley
Gravures p. 37 : York University, History Dpt

Catalogage avant publication de la Bibliothèque nationale du Canada

Normandeau Josette D.
   À la rencontre des grands maîtres
   1. Arts martiaux - Ouvrages illustrés. 2. Arts martiaux - Histoire. I. Titre.
GV1101.3.N67 2004   796.815'022'2   C2004-940009-6

Pour en savoir davantage sur nos publications, visitez notre site : www.edhomme.com

Gouvernement du Québec – Programme de crédit d'impôt pour l'édition de livres – Gestion SODEC – www.sodec.gouv.qc.ca

L'Éditeur bénéficie du soutien de la Société de développement des entreprises culturelles du Québec pour son programme d'édition.

THE CANADA COUNCIL | LE CONSEIL DES ARTS
FOR THE ARTS | DU CANADA
SINCE 1957 | DEPUIS 1957

Nous remercions le Conseil des Arts du Canada de l'aide accordée à notre programme de publication.

Nous reconnaissons l'aide financière du gouvernement du Canada par l'entremise du Programme d'aide au développement de l'industrie de l'édition (PADIÉ) pour nos activités d'édition.

Dépôt légal : 1er trimestre 2004
Bibliothèque nationale du Québec

ISBN 2-7619-1878-9

DISTRIBUTEURS EXCLUSIFS :

• Pour le Canada
et les États-Unis :
MESSAGERIES ADP*
955, rue Amherst
Montréal, Québec
H2L 3K4
Tél. : (514) 523-1182
Télécopieur : (514) 939-0406
* Filiale de Sogides ltée

• Pour la France et les autres pays :
INTERFORUM
Immeuble Paryseine, 3, Allée de la Seine
94854 Ivry Cedex
Tél. : 01 49 59 11 89/91
Télécopieur : 01 49 59 11 96
Commandes : Tél. : 02 38 32 71 00
                Télécopieur : 02 38 32 71 28

• Pour la Suisse :
INTERFORUM SUISSE
Case postale 69 - 1701 Fribourg - Suisse
Tél. : (41-26) 460-80-60
Télécopieur : (41-26) 460-80-68
Internet : www.havas.ch
Email : office@havas.ch
DISTRIBUTION : OLF SA
Z.I. 3, Corminbœuf
Case postale 1061
CH-1701 FRIBOURG
Commandes : Tél. : (41-26) 467-53-33
                Télécopieur : (41-26) 467-54-66
                Email : commande@olf.ch

• Pour la Belgique et le Luxembourg :
INTERFORUM BENELUX
Boulevard de l'Europe 117
B-1301 Wavre
Tél. : (010) 42-03-20
Télécopieur : (010) 41-20-24
http://www.vups.be
Email : info@vups.be

à la rencontre
DES GRANDS MAÎTRES

Josette D. Normandeau

CAPOEIRA • MUAY THAÏ • KARATÉ • SAVATE • KALARIPAYATTU • AÏKIDO

LES ÉDITIONS DE
L'HOMME

À mon père
À Kanai *sensei*

Soir de printemps
de bougie en bougie
la flamme se transmet

Yosa Buson

dan inosanto

Peu de maîtres sont reconnus pour leur compétence dans divers arts martiaux et peu d'entre eux ont une connaissance globale de l'univers propre à chacun de ces arts. De ce petit nombre, un nom revient sans cesse, celui de Dan Inosanto. Fidèle ami du regretté Bruce Lee, ce maître détient le grade d'instructeur dans une grande variété d'arts martiaux très différents : le *muay thaï*, le *krabi krabong*, les arts philippins comme le *kali*, l'*eskrima*, l'*arnis* et le *silat*, le *pentjak silat* indonésien, le *bando* birman, le *bersilat* malais, le *nihon jiu-jitsu* japonais, le *jiu-jitsu* brésilien, le *shoot wrestling*, la savate, le *kenpo jiu-jitsu* karaté, le *jun fan gung fu* et le *jeet kune do*, sans compter qu'il est étudiant en *capoeira* et en *lathi* indien. Historien des arts martiaux, Dan Inosanto a également publié plusieurs livres et fait l'objet de nombreux documentaires. De plus, il a fait carrière dans le milieu de la télévision et du cinéma en tant que cascadeur et entraîneur.

préFACE

C'est un honneur et un privilège de préfacer le livre de Josette D. Normandeau. Je crois que cet ouvrage va éclairer d'une façon inédite l'âme et la culture de certains arts martiaux ainsi que leurs pays d'origine.

Au cours des 50 dernières années, je me suis entraîné à diverses disciplines et j'ai fait des recherches sur une multitude d'arts martiaux. À 67 ans, après tout ce temps passé à étudier et à pratiquer intensivement, je suis toujours fasciné par la variété de systèmes de combat existant de par le monde.

Certains de mes maîtres les plus reconnus m'ont enseigné que, pour véritablement comprendre un art martial, il faut en connaître l'histoire et se familiariser avec la culture et la philosophie du pays dont il est issu. Et que, finalement, l'entraînement est une manière indispensable d'appréhender cette philosophie. J'ai donc parcouru le monde pour m'immerger dans des cultures qui m'étaient inconnues. J'ai côtoyé les gens qui vivent dans ces pays et tissé des liens d'amitié avec nombre d'entre eux. Partout, je me suis entraîné avec les plus grands maîtres comme un simple disciple, jusqu'à pouvoir moi-même enseigner ces arts dans mon pays. J'ai, par exemple, pratiqué le *muay thaï* en Thaïlande et la savate en France. Toutes les expériences et tous les échanges que j'ai vécus dans les pays auxquels je me suis intéressé de près m'ont profondément changé et enrichi.

Je crois sincèrement que l'étude d'un art entraîne une meilleure connaissance des êtres humains et de leurs valeurs et que cette connaissance est une composante essentielle à la paix dans le monde. C'est pour toutes ces raisons que j'ai très hâte de tenir dans mes mains le livre de Josette D. Normandeau et de voir la série documentaire qu'elle a produite, car je sais qu'elle partage avec moi ce désir de vivre les arts martiaux dans toutes leurs dimensions, qu'elles soient spirituelles, culturelles ou physiques.

Dan Inosanto

avant-PROPOS

Ce récit de mon voyage autour du monde à la rencontre de grands maîtres est l'aboutissement d'une fréquentation des arts martiaux qui remonte à mes 17 ans, alors que j'en ai maintenant 50. C'est le karaté, ma première passion, qui m'a amenée à découvrir, lors de compétitions et de camps d'entraînement au Canada, aux États-Unis et en Europe, le côté spirituel des arts martiaux.

Le lecteur aura compris que ce livre n'est pas un mode d'emploi ou une introduction aux techniques, mais plutôt une invitation à pénétrer au cœur de ces mondes parfois fermés et à profiter de cet accès privilégié à leur richesse culturelle.

Bien que le projet de ce grand voyage initiatique ait pris forme il y a plus de sept ans, ce n'est qu'à la faveur de mon entrée dans le milieu de la télévision que j'ai trouvé les moyens de réaliser mon rêve d'écrire ce livre sur six arts martiaux issus de six pays différents et d'en tirer ensuite la série documentaire intitulée *Bushido, la voie d'une guerrière* (*Deadly Arts*).

C'est par la pratique intensive et par l'enseignement direct de grands maîtres reconnus que j'ai voulu tenter de comprendre comment on enseigne, comment on préserve, enrichit et diffuse à travers le monde la connaissance des arts martiaux. Je me suis mise volontairement dans une situation de déséquilibre et d'ouverture à l'autre pour tenter de trouver l'essence de chacun de ces arts grâce au contact de ceux qui en ont une très grande maîtrise et une profonde compréhension. Après 25 ans de pratique, j'en suis venue à chercher au-delà de l'efficacité de la technique pour trouver un mode de vie, une façon de mieux me comprendre et de comprendre l'autre. Les maîtres que j'ai eu le privilège de rencontrer proposent des moyens différents pour arriver au même résultat : une certaine forme d'invincibilité qui ne repose pas uniquement sur l'infaillibilité d'une technique, mais surtout sur une façon d'accueillir et de rediriger les agressions de la vie. Car dans l'expression « art martial », il y a effectivement le mot « martial » qui réfère à l'action, au but guerrier et à la discipline ; cependant, il est précédé du mot « art », qui fait référence à la beauté, à la spiritualité et à la réalisation de l'être.

J'ai volontairement choisi des arts culturellement différents, connus ou inconnus, sur des continents différents, avec des armes et des rituels différents, pour mieux saisir, par contraste, à quel point chaque art participe de la culture et de l'histoire du pays qui l'a façonné. Une fois décidée, il ne me restait plus qu'à foncer et à ne pas accepter un non comme réponse. Il m'a fallu investir deux ans de travail intense et faire jouer mes relations pour que, tranquillement, un réseau de maîtres reconnus se dessine. Et, en fin de compte, le test ultime, à répéter chaque fois, a été de prouver ma bonne foi et l'authenticité de ma démarche par une pratique soutenue, dans l'humilité et le respect.

Tout au long de mon périple, la grande générosité des maîtres et de leurs disciples m'a plus qu'enchantée. Ce voyage m'a changée, a changé mon rapport avec la mort, avec les défis, avec l'importance relative de l'action dans la vie, et je sais que la pratique des arts martiaux est à l'origine de ce changement. J'ai compris que, dans ce voyage initiatique, c'est finalement avec moi-même que j'avais pris rendez-vous.

Josette D. Normandeau

⌠Sans humilité, aucun respect n'est possible
Sans respect, aucune confiance ne peut naître
Sans confiance, aucun enseignement
ne peut être donné ni reçu⌡

Le bushido

le voyage

Départ
Montréal, Canada

Capoeira
Salvador de Bahia, Brésil

Savate
Paris, France

Aïkido
Tokyo, Japon

Muay thaï
Krabi krabong
Ayutthaya, Thaïlande

Karaté
Okinawa, Japon

Kalaripayattu
Kerala, Inde

Muay thaï
Bangkok, Thaïlande

Souvent confondue avec une danse primitive, la *capoeira* est un art martial né au Brésil dans la terreur et l'oppression de l'esclavage des Africains par les Portugais. Ses mouvements puissants, fluides et acrobatiques sont signés par la culture afro-brésilienne. À la fois rituel, danse et combat fondé sur la performance, la *capoeira* se joue dans les rues, à l'intérieur d'un cercle appelé la *roda*, et elle est toujours accompagnée de musique.

capo^{E I R A}

Nom	*capoeira*.
Sens du mot	ce mot a plusieurs significations, dont les plus courantes sont « Où l'herbe est courte » et « coq ».
Pays d'origine	ses origines lointaines sont en Afrique et, dans sa forme actuelle, le Brésil.
Date de création	XVIIe siècle.
Influences extérieures	danses africaines possiblement bantoues (Congo), le candomblé – culte afro-brésilien.
Principaux styles	*capoeira angola* : caractérisé par des mouvements contorsionnistes, lents et au ras du sol ; *capoeira regional* : forme agressive, acrobatique, rapide et codifiée.
Tenue	*capoeira angola* : tenue blanche immaculée et chaussures ; *capoeira regional* : pieds nus, t-shirt et pantalon blancs.
Lieux d'entraînement	la rue et les académies.
Système de grades	*capoeira angola* : aucun système de ceinture mais mentions suivantes : élève, *trenel*, *contra mestre* et *mestre*. *capoeira regional* : système de ceintures de couleur – le *cordao*.
Exigences physiques	flexibilité, souplesse, rythme et endurance.

Années d'entraînement	*contra mestre* : 13 à 17 ans de pratique. *mestre* : après 20 ans.
Arme	aucune
Rituel	le *batizado* (en *capoeira regional* seulement). Lors de ce baptême, on officialise le surnom ou le nom du *capoeirista*.
Instruments de musique	*capoeira regional* : *berimbau* (corde) et le *pandeiro* (tambourin). L'orchestre complet peut comprendre aussi l'*atabaque* (tambour) et le *reco-reco* (planche striée que l'on frotte avec une tige de bois). *capoeira angola* : l'orchestre inclut trois *berimbau* (*gunga, medio, viola*), deux *pandeiro*, un *reco-reco*, un *agôgô* (deux clochettes sur une tige en forme de « C ») et un *atabaque*.
Particularités	le recours à la *malicia*, la ruse. La *capoeira* se joue souvent la tête en bas, avec seulement trois points d'appui au sol. Le combat porte le nom de « jeu de *capoeira* » (*jôgo de capoeira*).
Art connexe	le *maculêlê*, un art martial pratiqué au son de la musique et impliquant un jeu de bâtons.
Mots clés	*mestre* : maître ; *roda* : cercle ; *jôgo* : jeu ; *quilombo* : colonie d'esclaves marron « en fuite » ; *malícia* : ruse, tricherie ; *favela* : bidonville ; *capoeirista* : celui qui joue la *capoeira*.
Rôle	valoriser le dialogue, la forme physique et le respect de soi.

D'abord utilisé par les guerriers thaïlandais pour défendre leur pays, alors appelé le Royaume de Siam, le *muay thaï* est aujourd'hui un sport de combat extrême qui se déroule dans le ring. Cet art est souvent considéré comme le plus dur de tous les arts martiaux.

muay^{THAÏ}

Nom original	des temps anciens jusqu'à la période de Sukkothai (1238-1378), le *muay thaï* s'appelle *mai si sok*. Il prend ensuite le nom de *pahuyuth* (« combat multifacettes ») à l'époque Ayutthaya (1350-1767), s'appelle *muay* vers le milieu de l'ère Rattanakosin (de 1782 à nos jours), puis *muay thaï* quand le Royaume du Siam devient la Thaïlande (1939).
Nom moderne	le *muay thaï* est aussi connu sous le nom de « boxe thaïlandaise ».
Pays d'origine	le Royaume du Siam, aujourd'hui la Thaïlande.
Date de création	le *muay thaï* aurait au moins 2000 ans.
Influences extérieures	*krabi krabong* ; arts martiaux indiens ; bouddhisme.
Principaux styles	les anciennes formes qui sont toujours enseignées : le *muay boran*, le *muay kaad chuek* et le *muay luan* ; autrement, on fait référence aux divers camps d'entraînement.
Tenue	short souvent aux couleurs traditionnelles bleu et rouge, gants de boxe en cuir, protecteurs souples de chevilles, protège-dents, coquille en acier.
Lieux d'entraînement	camp aménagé dans la cour arrière d'une maison privée ou camp professionnel.
Système de grades	c'est le palmarès du boxeur qui tient lieu de système de grades. Le bon boxeur continue sa carrière comme entraîneur et est alors appelé *khru* ou *ajarn*.
Exigences physiques	excellente endurance cardiovasculaire, force et agilité.

Armes	l'équipement de combat du *krabi krabong* – parmi les armes encore enseignées de nos jours : le *krabi* (sabre), le *krabong* (bâton), la *daab song mue* (la double épée thaïlandaise), la *ngow* (hallebarde), la *hawk* (courte lance), les *loh, dung* et *ken* (boucliers).
Rituel	tout boxeur doit porter deux amulettes : le *mongkon,* un serre-tête, et les *prajied,* deux bandes d'étoffe nouées autour du biceps. Ces objets sacrés font partie intégrante du *wai kru ram muay,* une danse rituelle que chaque boxeur exécute lentement et avec gravité pour rendre hommage à son professeur avant chaque combat.
Instruments de musique	le *pee chawaa* (hautbois javanais), le *glong kaek* (tambour à deux faces joué par deux musiciens) et les *ching* (petites cymbales thaïlandaises) ; on doit obligatoirement avoir un quartet.
Art connexe	le *krabi krabong,* un art de combat à l'épée et au bâton.
Particularités	les grands stades Lumpini et Ratchadamnoen dédiés exclusivement aux combats de *muay thaï* à Bangkok. Encore aujourd'hui, ces stades bannissent les combats de femmes.
Mots clés	*ajarn* ou *khru* : maître ou professeur ; *wai* : saluer ; *wat* : temple ; *wai khru* : rituel précédant le combat.
Rôle	enseigner et valoriser l'intégrité, le respect et le contrôle de soi, dans le ring et hors du ring.

Lorsqu'ils prennent possession d'Okinawa au XVIIe siècle, les suzerains japonais de Satsuma décident de maintenir l'interdiction de posséder des armes sur l'île. Il s'agit à l'origine d'une loi décrétée par le roi Sho Shin un siècle et demi plus tôt, à l'époque où le Royaume du Ryû-Kyû est sous domination chinoise. C'est jusqu'au début du XXe siècle et dans la plus grande clandestinité que le karaté, un art de combat à mains nues, se développe à Okinawa.

ka RATÉ

Nom original	karaté.
Sens du nom	*kara* : « vide » ; *te* : « main ».
Pays d'origine	le Royaume du Ryû-Kyû maintenant Okinawa, Japon.
Date de création	les origines du karaté remontent à plusieurs centaines d'années.
Influences extérieures	influence chinoise (kung-fu) et indienne (*kalaripayattu*).
Principaux styles	*goju ryu* ; *shorin ryu, uechi ryu* ; *kobayashi*.
Tenue	le *gi* ou *keikogi*, tenue d'entraînement blanche composée d'un pantalon et d'une veste attachée par une ceinture ou *obi*.
Lieu d'entraînement	le dojo.
Système de grades	basé sur le *kyu* – on commence par le sixième *kyu*, puis on descend jusqu'à la ceinture noire, ou premier dan. Après, on monte jusqu'au dixième dan. Seulement deux maîtres au monde détiennent le rang de dixième dan, honneur reçu du fondateur.
Exigences physiques	coordination, concentration, équilibre, flexibilité et endurance.
Années d'entraînement	élève avancé au bout d'un minimum de cinq ou six ans d'entraînement ; le maître cumule 25 ans ou plus de technique et d'expérience de vie.

Armes	les armes les plus utilisées en *kobudo*, l'art du maniement des armes anciennes d'Okinawa – la *kama*, une faucille ; l'*eku*, une rame en bois ; les *nunchaku* (deux bouts de bois reliés par des chaînes ou des cordes) ; les *sansetsukon* (trois bouts de bois reliés à des chaînes) ; le *sai*, un trident ou une dague non tranchante ; le *bô*, un bâton d'environ 1 m 80 de longueur ; le *tonfa*, un bâton court muni d'une poignée ; et le *timbe*, un bouclier fait avec la carapace d'une tortue de mer.
Rituel	salut traditionnel japonais inspiré des pratiques du bouddhisme zen : agenouillé, on s'incline, la tête au sol.
Arts connexes	le *kobudo*, le *karate buyo* (danse traditionnelle).
Particularité	l'utilisation d'anciens outils agraires et domestiques pour des fins d'entraînement – le *chishi*, un bâton qui se termine par un poids en pierre, permet d'augmenter la puissance de certains mouvements. Le *ishisashi*, une sorte de cadenas en pierre, permet d'augmenter la force de frappe. Le *tan*, qui était à l'origine l'essieu d'une roue de chariot, renforce les avant-bras et les poignets, permettant d'améliorer la préhension. Les *nigiri game* ou *kami*, qui sont des jarres de terre cuite, renforcent la préhension. Le *tetsu geta*, une sorte de sabot de pierre ou de fer. Le *makiwara*, une planche de frappe.
Mots clés	*sensei* : maître ; *dojo* : lieu d'entraînement ; *kata* : une séquence de mouvements prédéterminés ; *bunkai* : étude des techniques et des applications des katas ; *karatéka* : adepte du karaté ; *ki* : centre.
Rôle	certains affirment que l'objectif essentiel du karaté, c'est le karaté *do* – l'union du corps, de l'intellect et de l'esprit qui permet d'atteindre l'édification personnelle.

Née il y a 200 ans dans les faubourgs mal famés de Paris puis adoptée par la grande bourgeoisie française, la savate est un art martial pieds-poings typiquement français. Ce sport de compétition qui se dispute dans le ring est aussi un petit-cousin du *kickboxing* américain.

sa VATE

Nom original	savate.
Appellation courante	boxe française (BF).
Sens du mot	« vieille chaussure ».
Pays d'origine	la France, à Paris.
Date de création	vers le début du XIXᵉ siècle.
Méprises courantes sur son origine	au milieu du XVIIIᵉ siècle, on retrouve en France deux méthodes de coups de pied : le chausson, très prisé dans le Sud par les voyous marseillais et les marins ; et la savate, pratiquée surtout dans le Nord par les truands parisiens. Alors que dans le chausson, seuls les pieds sont utilisés, en savate on peut frapper avec les pieds et les mains ouvertes.
Influences extérieures	le chausson, l'escrime, la canne et la boxe anglaise.
Structure	l'organisation du sport en France relève de l'État, qui est le seul à pouvoir organiser des compétitions et à délivrer des titres. Mais cette responsabilité est largement déléguée aux fédérations qui, elles, regroupent les associations et leurs membres, qu'on appelle des « licenciés ».
Tenue	maillot fuseau sans manches, gants de boxe comme en boxe anglaise, bottines souples lacées derrière la cheville pour éviter les blessures.
Lieux d'entraînement	les clubs, le ring.

Formes de rencontre	l'assaut et le combat. Dans l'assaut, la rencontre oppose deux tireurs (nom des adeptes de la savate) qui sont jugés sur leur maîtrise technique, leur style et la précision de leurs touches. La puissance est absolument exclue. Dans le combat, la rencontre oppose deux tireurs jugés sur leur technique, leur précision, leur efficacité et leur combativité. Assaut et combat se déroulent entre tireurs de même sexe uniquement. Il existe 20 catégories de poids.
Système de grades	le système de grades s'applique tant à l'assaut qu'au combat. Huit grades servent à coter la maîtrise technique : les gants bleu, vert, rouge, blanc, jaune ainsi que les gants argent de premier, deuxième et troisième degrés. De plus, six grades servent à coter la valeur en compétition : le gant bronze ainsi que les gants argent de compétition 1, 2, 3, 4 et 5. Il existe aussi les gants honorifiques vermeil et or.
Exigences physiques	agilité, endurance, souplesse, finesse d'esprit, précision, mobilité, forme cardiovasculaire.
Armes	canne, bâton, parapluie, *tonfa* (manivelle de bois – Okinawa).
Rituel	le salut au début et à la fin du combat ou de l'entraînement.
Particularités	la boxe française ou savate se pratique dans un esprit d'assaut semblable à celui de l'escrime. Cependant, les coups sont réellement portés en compétition. La terminologie est souvent calquée sur celle de l'escrime. Les pugilistes s'appellent des « tireurs ».
Arts connexes	la canne de combat, la savate-défense (autodéfense), le bâton de combat, le bâton-défense.
Mot clé	tireur : combattant.
Rôle	développer l'esprit de décision, la volonté et la maîtrise de soi. Repousser les limites de l'endurance. Favoriser le *fair-play* jusque dans la vie.

Les origines du *kalaripayattu,* qui est à la fois un art martial et un art de guérison, remontent à l'an 200 avant J.-C. Beaucoup affirment qu'il s'agit de l'art de combat le plus ancien au monde. Quoi qu'il en soit, le *kalaripayattu* est une discipline complète qui allie l'entraînement physique et psychique à la connaissance de la médecine traditionnelle indienne et des massages.

kalariPAYATTU

Nom original	*kalaripayattu.*
Sens du mot	combat pratiqué à l'intérieur d'une arène ; *kalari* signifie « école » et *payattu,* « combat ».
Pays d'origine	le Malabar, aujourd'hui l'État du Kerala, en Inde.
Date de création	depuis 4 000 ans.
Influences extérieures	l'art de la guerre de l'Inde ancienne (*dhanur veda*) ; l'art de la guérison *ayurveda* (*ayur* : « vie » ; *veda* : « science »).
Principaux styles	Kerala du Nord et Kerala du Sud.
Tenue	hommes : portent le *katcha* ou *kachha,* une sorte de pagne qu'on s'enroule autour du bassin ; femmes : un pantalon et une tunique longue accompagnée d'une écharpe.
Lieu de l'entraînement	le *kalari*. En malayalam, la langue officielle du Kerala, le terme signifie « lieu ouvert » ou « champ de bataille ». Le terme serait dérivé du mot « arène » en tamoul ou du mot sanskrit *khaloorika,* qui signifie « aire d'entraînement militaire ».
Système de grades	n'a pas de système de grades formel. Cependant, plusieurs niveaux de compétence : *meythari, koltari, ankathari, verumkai prayogam.* Au cours des siècles s'est ajoutée l'étude du corps humain et de ses 108 centres vitaux (points *marma*) *marma prayogam.*
Exigences physiques	flexibilité, rigueur, précision et coordination.

Années d'entraînement	élève avancé : 7 à 12 ans d'entraînement ; maître : au moins 20 ans.
Armes	le bâton, la dague, l'épée. Il y a aussi deux armes typiques : l'*otta*, un bâton en forme de corne ou de défense, et l'*urumi*, une longue épée tranchante, flexible comme un fouet, que l'on porte à la taille. C'est l'arme la plus dangereuse du *kalaripayattu*.
Rituel	la pratique est toujours précédée de *guruyandham*, les formes de salut au ciel, à la terre, aux gournables et au dieu Ganesh.
Arts connexes	le *kathakali* (un théâtre dansé classique sacré et séculier), le *theyyam* (une danse rituelle religieuse) et le yoga.
Particularité	le *kalaripayattu* est le seul art martial qui divise l'entraînement en deux champs distincts : les techniques offensives et les techniques défensives. Traditionnellement, le disciple commence par apprendre les techniques défensives et travaille uniquement dans la partie est du *kalari*. Plusieurs années de pratique plus tard, l'élève peut passer au côté ouest pour y apprendre les techniques offensives. Après des années d'efforts, les deux aspects de l'entraînement sont combinés.
Mots clés	*gurukkal* : maître ; *kalari* : lieu d'entraînement ; *marma* : point vital ; malayalam : langue officielle du Kerala ; *vaythari* : ensemble des instructions verbales données par le *gurukkal* en ce qui concerne le mouvement à faire et sa vitesse d'exécution.
Rôle	former un individu complet (corps – âme – esprit) et conscient de l'univers dans lequel il évolue.

Créé au Japon au début du XXᵉ siècle par Ueshiba Morihei (1883-1969) – aussi appelé O'*Sensei* ou « grand maître » –, l'aïkido est un art martial purement défensif et non compétitif qui se pratique à mains nues. L'intelligence de l'aïkido consiste à appliquer un principe de non-résistance en retournant l'énergie, la force et l'élan de l'attaquant contre lui-même.

aïKIDO

Nom original	ai-ki-do.
Traduction	ai : harmonie ; ki : énergie ; do : voie.
Sens du mot	« la voie de l'harmonie ».
Pays d'origine	le Japon.
Date de création	créé au début du XXᵉ siècle ; l'aïkido est officiellement reconnu en 1940.
Fondateur	Ueshiba Morihei (o'*Sensei* – 1883-1969), né à Shingu, ville côtière du Wakayama, au Japon.
Influences extérieures	O'*Sensei* s'est initié à plusieurs arts martiaux, dont le sumo, l'épée, la lance, les bâtons et divers styles de ju-jitsu. Trois disciplines ont exercé sur lui une fascination particulière : (*yagyu shinkage ryu*) le maniement de l'épée, (*hozoin ryu*) le maniement du bâton et (*tenjin shinyo*) le ju-jitsu.
Principaux styles	*aikikai, yoshinkai, tomiki-ryu* et *shinsin toitsu-ryu*.
Tenue	le *gi*, ensemble composé d'un pantalon blanc et d'une veste blanche cintrée par un *obi* ; le *hakama* – jupe-pantalon noire, bleu foncé ou blanche que les gradés ceintures noires portent par-dessus le *gi*.
Lieu d'entraînement	le dojo.
Système de grades	le *kyu* – on commence par le sixième *kyu*, puis on descend jusqu'à la ceinture noire, ou premier dan. Après, on monte jusqu'au dixième dan. Seulement deux maîtres au monde détiennent le rang de dixième dan, honneur reçu du fondateur.

Exigences physiques	coordination, précision, contrôle et ténacité
Durée de l'entraînement	En moyenne sept ans pour la ceinture noire. Pas de raccourci possible. Après le troisième dan, aucun examen. Les dans sont alors alloués au mérite. Pour enseigner l'aïkido, on doit posséder le grade de maître, c'est-à-dire être au moins ceinture noire troisième dan.
Armes	*katana* (épée) ; *bokken* (épée de bois) ; *tanto* (couteau de pratique) ; *jo* (bâton moyen).
Rituel	le salut japonais traditionnel, et ce, en s'inclinant, à genoux, la tête au sol. Chaque classe débute et se termine par une salutation et on refait la salutation chaque fois que l'on change de partenaire.
Art connexe	*Iaido,* l'art du maniement de l'épée.
Particularités	l'aïkido est *budo,* la voie martiale. D'autres activités ont longtemps été reliées au *budo* : la cérémonie du thé, la calligraphie et la fabrication d'épées ainsi que la méditation zen.
Mots clés	*sensei* : maître ; *dojo* : lieu de l'entraînement ; *ki* : énergie ; *aïkidoiste* : adepte ; *budo* : voie martiale ; *bugei* : arts martiaux ; *bushido* : la voie du guerrier.
Rôle	décourager l'attaque, favoriser l'harmonie, atteindre la maîtrise de soi.

capoEIRA

jôgo de CAPOEIRA

Le regard ailleurs, presque absent, le maître tend la main vers son jeune adversaire comme s'il allait quitter le jeu. Virevoltant soudain, il bondit et lui assène un formidable coup de pied tout près du visage. La musique marque le coup. Hilares, les musiciens et les spectateurs resserrent le cercle autour des deux joueurs dans ce ring de rue improvisé, la *roda*.

Le jeune se relève péniblement et, sur ses gardes maintenant, reprend le mouvement de balancier, la *ginga*, que l'œil de l'étranger confond si souvent avec une danse nonchalante des Brésiliens. Indifférent, le maître lui tourne le dos et s'apprête à partir. Porté par la musique, le jeune observe son adversaire, perplexe. Encore une *malicia*, une ruse ? Le combat serait-il terminé ? Trop tard. Dans une large roue, le maître se retrouve derrière lui et le balaie déjà d'un violent coup de pied.

Mais cette fois, il est prêt ; d'un saut élastique, il évite la manœuvre de justesse et contre-attaque par un coup de pied circulaire. Sans jamais le quitter des yeux, le maître sourit d'un air approbateur. La foule jubile. Que d'habileté et quelle belle ruse ! Mais la tension est encore palpable... À quand le prochain coup, le prochain rire ? Car dans le cercle de la *roda*, aucun répit pour les *capoeirista*.

l'âme de la CAPOEIRA

Capoeira, dialogue constant entre l'action et la musique. Instruments et chants créent l'atmosphère, dictent le rythme et le jeu de la *roda*. Musique ensorcelante du *berimbau*, les sons primitifs de cet instrument à une seule corde pénètrent jusqu'au fond de l'âme.

Cantando Atravessado

Olha Santa Maria mãe de Deus, eu fui na igreja vou me confessar
Hoje é dia de festa, dia de Oxalá
Vou rezar p'ro meu santo me abençoá
Quem não pode com mandinga não carrega patuá
Olha Santa Maria mãe de Deus, eu fui na igreja não me confessei

Sainte Marie, mère de Dieu, je suis allé à l'église
Pour confesser mes péchés
Aujourd'hui, c'est jour de fête, jour d'Oxalá
Je prie mon saint qu'il me bénisse
Celui qui ne sait pas manier la *mandinga* ne porte pas la *patuá**
Sainte Marie, mère de Dieu, je suis allé à l'église
Ne me suis pas confessé

*Celui qui ne sait pas manier la ruse (*mandiga*) ne porte pas de protection (*patuá*), n'est pas protégé.

mon arrivée AU PAYS

Salvador de Bahia, Brésil. D'emblée, je suis frappée par l'omniprésence de la jeunesse. Des bandes d'enfants s'agitent et courent, souriants et beaux. Je vois peu de personnes d'âge moyen. En fait, je n'aperçois aucune femme dans la cinquantaine.

On dit de cette ancienne capitale coloniale du Brésil que c'est la plus africaine des villes des Amériques. Cité portuaire érigée à l'entrée de la baie de Todos os Santos, Salvador de Bahia constitue une porte qui s'ouvre sur l'intérieur du pays. C'est sans doute la raison pour laquelle la ville a été pendant plusieurs siècles un important carrefour de la traite des Noirs.

L'océan s'offre dans un spectaculaire miroitement de tons de bleu et les favelas en surplomb forment une magnifique mosaïque aux couleurs pastel. Mais en réalité, tout, dans ce cliché de carte postale, exsude une pauvreté effrayante, honteuse, parce qu'elle plonge ses racines dans le passé méprisable de l'esclavage.

Je suis venue ici dans un but bien précis. J'avance sous un soleil de plomb, seule femme blanche dans une mer de visages à la peau sombre,

prête à entreprendre mon périple rythmé dans la *capoeira* – un art de combat afro-brésilien né dans la terreur et l'oppression indissociables de l'esclavage – dont Bahia est le cœur. J'ai mis près d'un an à me frayer un chemin jusqu'aux plus grands maîtres de cet art martial qui ne ressemble en rien à ceux que j'ai pratiqués jusqu'à maintenant.

Ses mouvements félins et singulièrement acrobatiques, ses combats toujours cadencés de musique à l'intérieur du cercle de la *roda* font confondre, à tort, la *capoeira* avec une danse primitive.

Ai-je trop entendu parler de la violence et des dangers de Salvador de Bahia ? Quoi qu'il en soit, je me surprends à rester sur mes gardes...

⌠La malicia c'est la ruse séculaire
de qui veut survivre⌡

La *malicia*, la ruse, est au cœur de la *capoeira*, elle en est l'essence même. Certes, on joue franc jeu, mais la ruse et la tromperie sont indispensables dans un milieu social où le simple fait de subsister relève d'un véritable tour de force.

On m'avait parlé de la *malicia* ; on m'avait aussi incitée à prendre conscience des réalités contradictoires de la vie brésilienne et à m'efforcer de toujours voir au-delà des apparences. Mais il me faut intégrer tant de choses en si peu de temps ! La vérité est que j'ignore à quoi je dois m'attendre. Il me faudra, semble-t-il, apprendre à maîtriser tout ensemble : ruse, acrobatie, musique et art martial, pour ensuite mettre mes nouveaux talents à l'œuvre, à l'intérieur de la *roda*, sous les regards rieurs des habitants des favelas...

Dois-je m'étonner d'être nerveuse ? Je peux heureusement compter sur l'assistance d'un *capoeira mestre*, un maître. En effet, *mestre* Acordeon, un natif de Salvador de Bahia qui vit et enseigne en Californie, a accepté de me présenter aux grands maîtres de la *capoeira*. La suite ne dépendra que de moi.

danser pour RÉSISTER

Art afro-brésilien
né dans la terreur et l'oppression
de l'esclavage

Fondée en 1549, Salvador de Bahia, alors colonie portugaise, est un important point d'entrée d'esclaves africains. Plus de quatre millions débarquent dans ce port, au XVIIe et au XVIIIe siècle, avant d'être conduits dans les plantations de canne à sucre, de tabac et de café, où ils contribuent à faire de Salvador la capitale de l'économie nationale.

Un certain nombre d'esclaves s'enfuient des plantations et se réfugient dans les profondeurs de la forêt où ils forment des collectivités clandestines, les *quilombo*. Au XVIIe siècle, le plus grand de ces *quilombo*, le *Quilombo dos Palmares*, compte plus de 11 000 habitants. Il prospère de manière tout à fait autonome pendant près d'un siècle grâce à son économie, son ordre social et ses propres lois avant d'être anéanti par les Portugais.

Mais tous les esclaves n'osent tenter de s'enfuir. Pour conserver leur dignité, les captifs ont recours à des formes de résistance qui ne mettent pas leur vie en danger, notamment la *malicia*, qui consiste à feindre constamment. Par exemple, ils sabotent le travail confié par le maître tout en feignant de se soumettre docilement. Des stratégies telles que la simulation, l'inefficacité délibérée et le sabotage confèrent aux esclaves un certain pouvoir sur leurs propriétaires. La *malicia*, comme tactique subversive, fait ensuite son chemin jusqu'à la rue où elle devient un élément capital de la *capoeira*.

Après l'abolition de l'esclavage en 1888, beaucoup de *capoeirista* parmi les nouveaux affranchis sont perçus par la classe dirigeante comme des fauteurs de troubles. Quelques années plus tard, les autorités en font des hors-la-loi et les punissent en leur tranchant les tendons d'Achille, en leur brisant les rotules, voire en les attachant par les poignets à deux chevaux pour les écarteler.

Va ! va le dire au maître

Que la baratte s'est renversée

Le beurre répandu n'est pas à moi

Il est au fils du patron !

Dans ce chant, l'esclave laisse entendre qu'il se moque que la baratte, en se renversant, ait répandu le beurre puisque, de toute façon, le beurre n'est pas à lui. L'esclave a-t-il agi de propos délibéré ? Y a-t-il eu sabotage ou négligence ? Le maître ne le saura jamais et le chanteur subversif se réjouit de son embarras. Aujourd'hui encore les chants de *capoeira* font référence à ces tactiques subversives.

« On peut apprendre la *capoeira* en cinq minutes ou toute sa vie durant. Et si cela prend toute une vie, c'est que la *capoeira* devient la vie pour ceux qui l'apprennent »

Nenel Bimba, fils de mestre *Bimba*

On attribue la survivance de la *capoeira* à deux grands maîtres : Bimba, le père de la *capoeira regional*, et Pastinha, le père de la *capoeira angola*.

Mestre Bimba – Manoel dos Reis Machado, de son vrai nom – est né en 1899. C'est à cette époque que, jugeant la *capoeira* comme une affaire de voyous, de bandits de grand chemin, les autorités l'ont carrément interdite. Bimba se dit que, pour changer cette image négative, il faut sortir de la rue, codifier et institutionnaliser la pratique de cet art. Défiant l'interdiction, il réussit à recruter des élèves parmi les classes moyenne et supérieure et fonde une école de *capoeira* en 1932. Peu après, il convie quelques représentants du gouvernement à une démonstration. C'est un véritable succès qui pave le chemin de la reconnaissance officielle de la *capoeira* en 1937.

Mestre Pastinha, pour sa part, se range du côté des traditionalistes. Il rejette l'enseignement formel de l'école de Bimba et valorise la pratique de la *capoeira* originale. L'enseignement réglementé et encadré que préconise Bimba prive, quant à lui, la *capoeira* de son âme africaine. Cette conviction donne naissance à l'école de la *capoeira angola*.

Aujourd'hui, les styles *regional* et *angola* comptent un très grand nombre d'adeptes non seulement à Salvador et dans le reste du Brésil, mais partout dans le monde. À Bahia, la *capoeira* est plus qu'un art martial : c'est un outil d'affirmation, de fierté et de revendication identitaire.

Mestre Bimba – *capoeira regional.*

Mestre Pastinha – *capoeira angola.*

mestre acordeon L'HISTORIEN

Mestre Acordeon m'accueille en souriant. Costaud, barbu, la démarche assurée, il a depuis longtemps délaissé les rues de Salvador pour vivre et enseigner aux États-Unis. « Vous êtes venue voir de spectaculaires coups de pied sautés et des bonds, avance-t-il, mais, moi, je veux vous montrer autre chose. »

Au moment du *batizado,* le baptême rituel, en quelque sorte, les *capoeirista regional* reçoivent un surnom. Bira Almeida – connu sous le nom de *mestre* Acordeon – a été affublé de ce sobriquet parce qu'il avait choisi d'apprendre l'accordéon lorsqu'il fréquentait l'école primaire française. Choix inhabituel pour un Brésilien !

Ancien champion national de *capoeira regional,* *mestre* Acordeon est un intellectuel qui fréquente des Américains cultivés ; il est lui-même l'auteur de plusieurs ouvrages sur la *capoeira.* Je sais bien qu'il est originaire de Salvador, pourtant j'ai l'impression de me trouver en présence d'un anthropologue de passage.

Dès notre première rencontre, il me conduit dans l'une des favelas les plus connues de Salvador. Je ne m'attendais pas à commencer ainsi mon entraînement. Et c'est bien ce que souhaitait *mestre* Acordeon en me guidant dans le dédale des rues du Pelourihno. Il dit vouloir me montrer la pauvreté qui a vu naître la *capoeira* et la misère dans laquelle elle continue d'évoluer aujourd'hui.

Ici, l'écart entre les riches et les pauvres est manifeste. Il nous suffit de tourner le coin de la rue pour plonger dans un autre univers, un monde où jamais je ne me serais aventurée seule. Bien que très connu et apprécié, le *mestre* lui-même n'y est pas à l'abri de la violence. L'an dernier, dans une autre *favela*, sous la menace d'un revolver on lui a volé sa voiture. La police a retrouvé le véhicule le lendemain, avec un cadavre dans le coffre.

« Voici le sang, la souffrance et les rêves du peuple, me dit-il. La *capoeira* est en symbiose avec tout cela. Elle est l'expression d'une émotion profonde, un appel à la liberté. »

Après le Pelourihno, *mestre* Acordeon m'entraîne vers une plage déserte où, enfant, il s'initiait à la *capoeira*. C'est ma première leçon privée auprès d'un grand maître, la première occasion pour moi de me frotter à cet art.

Apprentissage indispensable : la *ginga*, un balancement rythmé, fluide, qui est le mouvement de base de la *capoeira* ; on y revient sans cesse. Ensuite, l'*aù*. Faire la roue permet d'esquiver un coup de l'adversaire ou de lui décocher un coup de pied. « Dans la *capoeira*, me dit le *mestre*, on s'affronte le plus souvent la tête en bas, comme lorsqu'on bascule sur les mains pour faire la roue. »

Il ne me reste donc plus qu'à apprendre à combattre cul par-dessus tête, sans m'évanouir dans la chaleur tropicale !

Tout va relativement bien jusqu'à ce que je demande à *mestre* Acordeon de m'initier à la *malicia*, la ruse qui est l'essence de la *capoeira*.

À ma grande surprise, il refuse tout net d'abord, puis s'explique : « Certaines choses ne s'enseignent pas ! On les acquiert par des dizaines d'années de pratique. » Je suis consciente de l'avoir irrité mais j'ignore comment réagir. Constatant mon malaise, Acordeon se calme un peu, sourit et me tend la main. Soulagée que la tension s'apaise, je lui tends la mienne... Erreur. Il me balaie d'un coup sec et violent, et je m'écrase sur le sable compacté. J'en perds presque le souffle. Je me relève tant bien que mal, étourdie par le choc de cette attaque. Acordeon me regarde en souriant – plutôt amicalement, me semble-t-il, mais je n'en suis pas sûre : « Voilà. Vous avez goûté à la *malicia*. »

La capoeira est l'expression d'une émotion profonde, un appel à la liberté

Mestre *Acordeon*

nenel bimba LA CONTINUITÉ

Je crache du sable en me relevant après avoir reçu ma première leçon de *malicia* aux mains de *mestre* Acordeon. J'apprendrai plus tard que la *malicia* emprunte plusieurs visages. Pour leurrer son adversaire, le *capoeirista* feint souvent d'être blessé, ivre ou épuisé. Il va même jusqu'à prétendre se retirer du combat pour y revenir à l'improviste. La leçon à tirer de ces exemples de *malicia* est claire : ne jamais baisser sa garde ! J'espère néanmoins qu'on ne me servira pas trop de leçons de ce genre.

Le lendemain, j'accompagne *mestre* Acordeon à l'école de son maître maintenant décédé, le fondateur de la *capoeira regional*, *mestre* Bimba. Le fils du *mestre*, Nenel Bimba, dirige la Filhos de Bimba, Escola de Capoeira. *Mestre* Nenel transmet à ses élèves l'héritage paternel dans l'ancienne résidence d'un planteur du Pelourihno, lieu où son père a vécu et enseigné.

Nenel Bimba est un être immense et puissant, noir de jais, aux yeux d'un bleu stupéfiant. D'une grande beauté, cet homme à la voix douce est effacé comme s'il tenait à rappeler que cette école n'est pas la sienne mais encore et toujours celle de son père. Les élèves portent un pantalon et un tee-shirt blancs, la tenue habituelle des *capoeirista*. Cette tenue blanche exigée par le *mestre* a pour but d'insuffler de la fierté à ses élèves qui, pour la plupart, ne possèdent presque rien. Dans les *roda* de rue, cette tenue joue un rôle différent, celui d'apprécier les aptitudes des joueurs. Les vêtements tachés d'un combattant témoignent de la fréquence des chutes ou de la quantité de coups qu'il n'a pas su éviter.

L'ambiance de l'école me rappelle celle d'autres salles d'arts martiaux où je me suis entraînée et me donne un peu de répit, après le choc du dur environnement des favelas dans lequel je suis plongée depuis mon arrivée. Deux par deux, les élèves enchaînent des figures complexes à partir de balayages, de sauts, de coups de pied et d'esquives, chaque joueur réagissant aux mouvements de son adversaire. La *capoeira* est née dans la rue, mais c'est dans une académie que *mestre* Bimba en a structuré l'enseignement et a initié des jeunes des classes moyenne et supérieure, des jeunes à la peau claire. Ce sont des écoles comme celle-ci et des élèves comme ceux-là qui ont contribué, à une certaine époque, à donner respectabilité et reconnaissance à la *capoeira*.

Le style *regional* de Bimba est plus rapide et plus agressif que celui de la *capoeira* originale. La plupart du temps, les participants exécutent en position semi-pliée les mouvements chorégraphiés et acrobatiques. Le style *angola* quant à lui se joue très près du sol et le plus souvent avec une lenteur extrême. Ces deux styles sont à première vue très différents.

Telle qu'elle se pratique à l'école de Nenel Bimba, la *capoeira regional* est aussi un art martial de compétition. Chaque année, des tournois sont organisés dans tout le pays. Ces acrobaties vertigineuses sont sans aucun doute fascinantes, mais ce n'est pas ce que je cherche. Je sens la nécessité de retourner à la rue voir les *roda* traditionnelles. *Mestre* Acordeon sait exactement où m'emmener.

« Montrer la pauvreté qui a donné naissance à la *capoeira* et dans laquelle elle continue de prospérer aujourd'hui »

boa gente L'HOMME DOUX

Mestre Acordeon souhaite que je fasse connaissance avec *mestre* Boa Gente dans une des favelas les plus pauvres de Bahia. Nous allons le retrouver à la station de radio communautaire où il anime une émission. En plus de son rôle de *mestre* de *capoeira angola*, il assume celui de travailleur social auprès des plus démunis du quartier où il vit et où il a grandi. Je découvre rapidement que Boa Gente est un danseur de samba passionné et un grand admirateur de Frank Sinatra. Le *mestre,* qui possède une voix magnifique, ne rate jamais une occasion d'entonner une ballade de son idole, celui que les Américains ont surnommé « Ol'Blue Eyes ».

Boa Gente doit avoir près de 60 ans et, pourtant, avec sa silhouette mince et souple, sa peau de jais, ses cheveux noirs et sa musculature visible sous sa tenue moulante blanche de *capoeirista,* on lui en donnerait 40 tout au plus.

Il nous conduit vers une *roda* et, bientôt, on dirait que tous les gens du quartier se joignent à nous. *Capoeirista* et badauds forment un immense cercle à l'entrée duquel les musiciens sont groupés. Les adversaires entrent

dans la *roda* par groupes de deux. Dans l'ensemble, le jeu est plutôt décontracté : ni violent ni machiste, comme c'est parfois le cas, et dépourvu d'affrontements qui dégénèrent en luttes sanglantes. Des enfants, dont certains ont à peine trois ou quatre ans, entrent à leur tour dans cette arène improvisée pour faire la roue et décocher quelques coups de pied à un adversaire invisible. Pendant tout ce temps, Boa Gente – son surnom signifie « l'homme gentil » ou « l'homme doux » – rit de bon cœur en dirigeant les musiciens à l'entrée de la *roda.*

La *roda* de rue, imprévisible et spontanée, remonte aux origines de la *capoeira.* Tous les participants s'amusent ferme, mais il m'est difficile d'oublier les tristes évocations que masque ce joyeux tableau. Sans perdre le spectacle de vue, je bavarde avec une femme du quartier, une connaissance de Boa Gente. Âgée de 40 ans, elle a eu 8 enfants, dont 5 sont morts de mort violente. Calme et résignée, elle accompagne ses propos d'un geste nonchalant qui englobe tout le quartier et semble dire : qu'y pouvons-nous ? Dans les zones urbaines où sévit une grande pauvreté, la faim, la violence et la criminalité sont la norme plutôt que l'exception. C'est ici, me dira plus tard *mestre* Acordeon, que l'an dernier un homme l'a tenu en joue avec son arme à feu. Boa Gente m'apprend que la plupart des enfants de ce secteur fréquentent l'école tous les jours afin de recevoir un repas gratuit, à défaut de quoi ils mourraient de faim. Je lui montre la

roda et lui demande comment des enfants affamés peuvent s'adonner à un art martial aussi rigoureux. Il me répond que la *capoeira* a ceci d'exceptionnel que rien n'empêche les jeunes amoindris par la faim de participer quand même au jeu, ce qu'ils font en chantant avec les autres.

La *roda* s'essouffle ; les adversaires s'accordent des pauses de plus en plus fréquentes. Une voix s'élève et demande aux deux *mestre*, Boa Gente et Acordeon, de s'affronter. Voilà qui va être captivant ! Les *mestre* s'accroupissent à l'entrée et se provoquent mutuellement en chantant. La foule les encourage. Ils entrent dans la *roda* en faisant la roue. Le combat commence !

Boa Gente a presque l'âge de *mestre* Acordeon, mais il a la souplesse d'un jeune de 20 ans quand il prend appui sur ses mains pour exécuter des sauts et faire la roue autour de son adversaire. Quant à *mestre* Acordeon, il accuse un peu plus le poids des ans, par son économie de mouvements et un jeu moins accroupi. Entre deux balancements de *ginga*, il se contente de décocher ici et là un habile coup de pied à son rival. Lorsque Boa Gente le nargue en esquissant des pas de samba autour de lui, Acordeon interrompt son mouvement de balancier. Manifestement, il en a assez. Il tend la main à Boa Gente, mais à l'instant où celui-ci s'approche de lui, il lui tourne brusquement le dos et lui assène un coup de pied arrière. La foule est en délire tandis que je sympathise avec Boa Gente. N'ai-je pas été victime, moi aussi, de la *malicia* d'Acordeon ?

Les *mestre* émergent de la *roda* mais, à ma grande surprise, deux joueurs prennent la relève tandis que d'autres attendent leur tour. S'il faut en croire les dires de Boa Gente, les *roda* se prolongent souvent jusqu'au coucher du soleil.

Nous prenons congé de Boa Gente et de ses élèves et nous quittons le quartier à regret... mais sans nous attarder, car il fera bientôt nuit. Dans quelque temps, il me faudra aussi me séparer de mon instructeur de *capoeira regional*, *mestre* Acordeon, pour entrer dans un autre univers, celui de la *capoeira angola*.

Dans le cercle de la *roda*, deux *mestre* de la *malicia*.

l'histoire de JOGO

Des gens du monde entier passent par Bahia pour s'initier à la *capoeira*. Venue au Brésil en pèlerinage annuel, Colette Désilets, une connaissance montréalaise qui enseigne cet art martial, a convenu de me présenter à son maître de *capoeira angola*.

Jogo da Dentro est une montagne d'homme, colosse musclé à la peau noir d'ébène et à l'imposante coiffure rasta. Quand il m'accueille en m'entourant de ses bras puissants, je ressens la formidable énergie qu'il dégage.

En chemin vers l'école de Jogo pour ma première leçon de groupe et dans une classe, tandis que j'avance sur une rue défoncée où se pressent de jeunes garçons agiles et de belles filles court vêtues, j'entends des coups de feu. Je cours vers l'école qui, heureusement, est tout près, installée au troisième étage d'un édifice voisin. C'est une académie sans vestiaires mais avec un mur effondré, offrant ainsi une magnifique vue panoramique sur la baie de Baya.

En quelques minutes, mon corps rythme, à droite, à gauche, le balancement fondamental de la *ginga*, puis j'exécute des balayages, les fesses quasi au sol, et des mouvements d'esquive en compagnie de la trentaine d'élèves de Jogo, dont le plus âgé a au moins 20 ans de moins que moi.

Je constate rapidement que la *capoeira* de style *angola* sera pour moi une véritable torture physique. Finis les déplacements rapides et les voltiges en position debout. Ici, tout a lieu à croupetons, genoux repliés, avec des mouvements circulaires d'une lenteur insupportable

Toujours sur trois points d'appui, tête en bas, au ralenti.

qui forcent chaque tendon, chaque muscle du corps. Mes genoux malmenés pourront-ils tenir le coup ? Et cette chaleur, toujours aussi accablante !

J'observe avec émerveillement Jogo da Dentro – surnom qui signifie à peu près « celui qui joue, se bat dans un espace minuscule » – déplacer son imposante masse sur une surface à peine plus grande qu'une pièce de monnaie. Il me semble impossible de pouvoir l'imiter, à Dieu va !

Après quelques heures de ce régime, je commence à me sentir étourdie. Quand nous en avons enfin terminé, c'est à peine si je peux me tenir debout. Mais nous ne sommes pas au bout de nos peines… Jogo distribue des instruments pour la leçon de musique. J'avoue que je m'en passerais. Les élèves sont éreintés.

Au bout du rouleau. Mais j'admire le feu qui continue d'animer Jogo. Il exige que ses élèves apprennent aussi la musique qui fait partie intégrante de la *capoeira*. Une mélodie s'élève autour de moi quand les élèves entonnent les accompagnements traditionnels de

la *roda*. Autrefois, ces chants servaient aussi de mise en garde lorsqu'un joueur cachait un couteau ou que la police approchait. Aujourd'hui, ils commentent l'action, taquinent les joueurs, se moquent d'eux et les incitent à se surpasser.

La musique augmente d'intensité. Jogo m'indique le *berimbau*, en forme d'arc, l'instrument principal de la *capoeira*. Son enthousiasme est contagieux. J'avoue que je préférerais être dans mon lit en train de me reposer mais, prenant le *berimbau*, je trouve quelque part en moi la force d'en frapper l'unique corde.

Après quelques leçons de *capoeira angola*, Jogo me donne rendez-vous à la porte d'une église, Igreja do Carmo. Sous le torride soleil de midi, il semble redouter quelque chose. Je veux lui demander ce qui ne va pas, mais ma piètre connaissance de la langue portugaise fait obstacle à la communication. De son bras musclé, le *mestre* trace un signe de croix dans les airs. Puis il ouvre les portes de l'église et nous nous engageons dans un long et sombre couloir.

À Bahia, la *capoeira*
est plus qu'un art martial :
c'est un outil d'affirmation,
de fierté et de revendication
identitaire

Mestre Jogo m'explique que les esclaves défilaient ici devant les propriétaires terriens dans la cour intérieure de cette église avant d'être vendus aux enchères.

Nous émergeons sur une mezzanine qui surplombe un cloître magnifique, baigné de soleil. Là où nous nous trouvons, l'ombre est rafraîchissante. J'apprends qu'autrefois on vendait ici les esclaves à la criée. Aujourd'hui, le cloître est désert, calme et pittoresque sous le soleil. Le *mestre* et moi empruntons ensuite un escalier qui s'enfonce sous l'église jusqu'aux catacombes : selon lui, c'est là qu'on enchaînait et torturait les esclaves. Jogo m'annonce que son propre grand-père a été vendu ici même. Les vestiges des barreaux rouillés et les traces de chaînes sont encore visibles. Cette visite lourde et étrange me secoue.

Tandis que Jogo m'explique le sens de la *capoeira*, je me rends compte que cet art le connecte à son passé. La *capoeira angola*, associée au candomblé, sa religion, lui permet de communier avec l'esprit de ses ancêtres esclaves. Manifestement, la *capoeira* a aussi, pour lui, une signification spirituelle. Il semble du reste moins enclin à la ruse, à la *malicia*, pourtant, n'est-elle pas l'essence même de la *capoeira* ? Jogo serait-il davantage un marabout qu'un *mestre* ? Quoi qu'il en soit, je me sens privilégiée de l'avoir connu.

En discussion, Jogo, Acordeon et Pequeno, trois générations de *mestre* représentant les styles *capoeira régional* et *capoeira angola*. Comment préserver et développer les traditions tant au Brésil que partout ailleurs dans le monde ?

joão pequeno LE JEU DE L'ARGENT

Mestre Jogo me conduit dans un autre des ghettos les plus pauvres de Salvador, chez un homme malingre de 84 ans. Il s'agit de *mestre* Pequeno, le maître de Jogo, l'un des deux meilleurs élèves de *mestre* Pastinha et l'idole de plus d'un million de *capoeirista* disséminés à travers le monde. Cette rencontre est très instructive. Je constate que cet homme dont la réputation s'étend à toute la planète vit dans le dénuement le plus complet. Son logement n'a même pas l'eau courante !

Quelques jours plus tard, je me rends à l'école où *mestre* Pequeno enseigne quotidiennement. C'est une ancienne cellule du fort San Antonio qu'il squatte depuis un quart de siècle qui fait office d'académie. Les autorités municipales pourraient reprendre possession à tout moment de ce fort abandonné et évincer *mestre* Pequeno ainsi que ses élèves. Mais cela ne l'empêche pas de faire chaque jour un trajet de deux heures pour s'y rendre, ni d'être toujours détendu et souriant.

Par gentillesse, le *mestre* me gratifie d'une démonstration. L'affrontement entre Jogo et lui

aura pour mise un mouchoir rempli d'argent. Les adversaires évoluent et s'affrontent jusqu'à ce que l'un d'eux remporte la victoire en s'emparant du mouchoir avec les dents. Le jeu de l'argent constitue l'une des nombreuses variantes de la *capoeira angola*.

À 84 ans, Pequeno est encore agile et rapide. Il accule Jogo dans un coin, pivote sur ses mains, se penche et attrape le mouchoir. Jogo n'a plus d'autre choix que de sourire.

Peu avant mon départ de Bahia, il y a fête au fort San Antonio pour l'anniversaire de *mestre* Pequeno. Les choses commencent mal, cependant. Quand j'arrive avec mes caméras, plusieurs jeunes hommes tentent de m'interdire l'accès, prétextant qu'à leur avis je cherche à exploiter le *mestre*. Une demi-heure durant, Jogo échange avec ces gars des propos assez tendus. Finalement, *mestre* Pequeno les force au silence en leur annonçant que je suis son invitée. La pièce se remplit petit à petit et l'ambiance se détend.

Rares sont ceux qui peuvent offrir un présent au *mestre*. Aussi, en guise de cadeau, ses élèves ont repeint en vert lime les murs de sa classe, mais avec une peinture à l'eau tellement diluée que nous repartons tous avec un petit souvenir vert sur nos vêtements. *Mestre* Pequeno est d'excellente humeur et ravi d'être aussi bien entouré. Quand une femme entre, il l'accueille invariablement en l'embrassant sur la joue, puis il enfouit son visage dans son cou pour humer son parfum. Ce geste sensuel lui vaut les sifflets et les quolibets de Jogo et des autres : « *Mestre* ! À votre âge ! » On sort bientôt les instruments de musique et un cercle se forme. La musique, la danse et la *capoeira* se prolongeront jusqu'au petit matin.

Mon séjour tire à sa fin et je retourne à l'académie de Jogo pour une dernière leçon. Aujourd'hui, j'espère entrer à mon tour dans la *roda* et cette perspective me tourmente.

Le jeu ou le combat porte le nom de *roda de capoeira,* « roue de *capoeira* » ou simplement « *roda* ». Le terme *roda* désigne le cercle, l'espace circonscrit où s'affrontent les *capoeirista*. Les adversaires entrent dans la *roda* deux par deux, encouragés par les chanteurs et les musiciens que dirigent les joueurs de *berimbau*.

Ma dernière leçon de *capoeira angola* est une torture – les mouvements me semblent encore plus lents que de coutume ! Enfin, Jogo forme un cercle et distribue les instruments de musique. Je reste à l'écart dans l'espoir qu'il m'oublie, mais il me fait signe de venir me mesurer à lui. Je me débrouille comme je peux tout en sachant que je fais piètre figure. Mais Jogo est si gentil et si obligeant lorsqu'il répond à mes mouvements d'attaque que j'en viens à me détendre. Bien vite, tout est fini. Cette expérience est un condensé de mon séjour ici : l'appréhension d'une étrangère, dans un ghetto où règnent pauvreté et violence, se métamorphose en confiance grâce à la chaleur humaine, la grâce, la beauté et la patience des habitants du lieu.

petit BATEAU

Capoeira, c'est un jeu, un divertissement,
    c'est le respect de la peur

Cela prend bien la mesure du courage

C'est un combat, c'est la ruse d'une sorcière

C'est le vent dans une voile, la plainte qui monte du quartier
    des esclaves

C'est un corps transi, un coup bien placé, le sourire de l'enfant

Capoeira, c'est le vol d'un oiseau, la morsure du serpent

C'est offrir à l'ennemi le sourire de tous les dangers

C'est la main tendue, le cri du *zumbi* dans le *quilombo*

C'est déjà se relever avant même d'être tombé

C'est la haine, c'est l'espoir, une gifle au visage

C'est se soumettre au défi avec la rage de combattre

Cela vous consume au cœur

C'est un tout petit bateau libre dans l'océan

Petit bateau

Mestre Pastinha

La *capoeira* est une riposte à la forme la plus indigne du racisme : l'esclavage. Venue au monde dans la clandestinité, puis contrainte de se déguiser en danse anodine, la *capoeira* est aujourd'hui l'expression joyeuse, batailleuse, provocante, souvent aguichante, de la culture afro-brésilienne. En quittant Salvador j'emporte au plus profond de moi les traces laissées par l'enseignement des *mestre* : la ruse d'Acordeon, la fierté de Nenel Bimba, l'expérience et l'humilité de João Pequeno et la grave spiritualité de Jogo da Dentro. Ces maîtres m'ont fait comprendre que c'est dans la rue que la *capoeira* fleurit, métaphore de la lutte pour la survie. Fruit de la terreur et de l'oppression, cet art est aujourd'hui l'expression triomphante de l'identité d'un peuple et de sa volonté de survivre et de prospérer.

muayTHAÏ

muay THAÏ

Stade Lumpini, Bangkok. Les cris de la foule se mêlent à la musique stridente en une cacophonie étourdissante. Dans les estrades, l'argent passe de main en main à la vitesse de l'éclair. Au centre, le ring inondé de lumière et deux jeunes boxeurs, 20 ans à peine. L'un d'eux porte un short rose vif dont le satin lance des éclats de feu.

Mû par un invisible appel, l'un des jeunes combattants s'avance et, par trois fois, s'incline et se relève dans une superbe lenteur. Puis, en cadence avec la musique et comme le veut l'ancien rituel du *wai kru,* il danse d'un coin à l'autre du ring en hommage à son maître, à son entraîneur et à son roi.

La cloche sonne. La foule se fige, électrisée. Tels des fauves, les jeunes bondissent et s'élancent l'un contre l'autre. Dans la mêlée, l'un des boxeurs ébranle son adversaire par une série de coups de poing auxquels l'autre réplique violemment du coude. La sueur roule sur le corps des jeunes athlètes aux pieds nus qui frappent sans merci. La foule trépigne et hurle. Tout n'est plus que mitraille de coups dans le stade chauffé à blanc.

Soudain, le boxeur en short rose assène un terrible coup de pied à la tête de son adversaire qui s'écroule. K.-O. Une immense clameur monte de la foule tandis que les parieurs chanceux s'empressent de réclamer leur dû.

Sur le tapis du ring, le jeune perdant, toujours inconscient...

krabi KRABONG

De la cour de l'école Roi-Naresuan monte le chant traditionnel qui place l'apprentissage du sabre *attamard* sous l'égide du légendaire roi guerrier.

Élèves choisis

Remémorez-vous le roi Naresuan

Recueillez-vous et sondez votre âme

Déposez sous l'arbre les sept bâtons d'encens

Les sept bougies, les sept baht et les sept fleurs

Prosternez-vous et rendez hommage

> Le rythme lent des traditions se heurte à la fièvre d'un monde urbain et frénétique

mon arrivée AU PAYS

Il y a à peine cinq jours que j'ai quitté le Brésil et me voilà à Bangkok, en Thaïlande, pays chaud et humide. Le choc culturel est immédiat. Dans cette mégapole grouillante, aux couleurs chatoyantes, je me retrouve assaillie par le bruit et le smog. De tous côtés, des motocyclettes chevauchées par des familles entières vrombissent dans la cohue des klaxons et zigzaguent entre les voitures paralysées par quelque perpétuel bouchon. Mon compagnon de voyage, un professeur canadien de *muay thaï* du nom de Bob Carver, m'a bien avertie qu'il est impossible de marcher plus de 10 minutes dans Bangkok sans ressentir le besoin pressant de fuir la chaleur ambiante. Je constate bientôt que ce n'est pas vraiment la chaleur, le problème, mais plutôt cette étouffante chape de pollution, cet air épais et moite qui englue la ville.

Le nom Bangkok vient de *Bang Makok,* qui signifie « village des oliviers ». Mais la Bangkok d'aujourd'hui n'a rien d'un village : c'est une ville toute en contrastes dans laquelle le passé dispute sa place au présent. Le rythme lent des traditions se heurte à la fièvre d'un monde urbain et frénétique.

Des temples un peu kitsch quoique spectaculaires se nichent au pied d'imposants gratte-ciel ; dans le dédale des embouteillages, les paysans poussent leur barda et se tricotent un chemin entre de luxueuses berlines importées.

Ici, les mendiants sont rares. En revanche, les rues sont jalonnées de gens occupés à vendre quelque chose, ne serait-ce que trois bananes et un bouton. À première vue, Bangkok est une ville somme toute assez riche. Les boutiques de grands couturiers et les hôtels cinq étoiles abondent.

La Thaïlande a pour joli surnom « la contrée des 1000 sourires ». Comme tous les étrangers qui visitent ce pays pour la première fois, je constate

[Comme le faisaient jadis les guerriers *muay*, je vais déposer une offrande à l'autel du temple aux éléphants]

très vite que le sobriquet est pleinement mérité. Mais on m'a avertie que, au-delà des apparences de franche simplicité, la société thaïe est régie par un système d'étiquette complexe, difficile à saisir par le visiteur de passage.

Heureusement pour moi, Bob connaît bien Bangkok et peut compter ici sur un allié important en la personne de son maître, *ajarn* Chai. C'est avec l'aide de ce maître que j'espère pouvoir infiltrer l'univers plus secret du *muay thaï*, un art martial brutal connu en Occident sous le nom de « boxe thaïlandaise ». Dans le ring, le *muay thaï* exige puissance, rapidité et endurance. Ses impitoyables armes sont les pieds, les poings, les coudes et les genoux du boxeur. Chaque année, des boxeurs thaïlandais meurent après avoir reçu de violents coups de pied ou de genou à la tête ou au sternum.

Bien que je ne connaisse à peu près rien de la société thaïlandaise, je compte m'introduire dans le monde encore franchement masculin de cet art martial. Pour bâillonner l'angoisse qui me tenaille et amorcer notre périple sur une note positive, Bob suggère que nous déposions une offrande à l'autel du temple Erawan, consacré aux éléphants. Il s'agit là d'une tradition chez les boxeurs, qui invoquent les esprits afin d'être protégés des blessures graves.

Thaïlandais et étrangers viennent ici pour prier Brahma et lui demander d'exaucer leurs vœux. Cet instant de recueillement me permet de me ressaisir et de me concentrer sur ce que je suis venue faire.

Le *muay thaï* s'inscrit
dans une riche tradition
orale exaltant les faits
d'armes et les légendes

du champ de bataille AU RING

Tout au long de son histoire, la Thaïlande a survécu à de nombreuses guerres. Depuis près de 2000 ans, on utilise le terme *muay* pour désigner diverses techniques de combat corps à corps utilisées sur le champ de bataille. Mais, en vérité, personne n'est absolument sûr de l'origine du terme. Selon une version souvent retenue, les Thaïlandais avaient autrefois l'habitude d'huiler leur longue chevelure pour ensuite l'attacher en queue de cheval et la tresser. C'est à cette pratique que fait référence, par extension, le terme *muay,* mot récupéré par la boxe thaïlandaise. Aujourd'hui, dans son contexte martial, *muay* signifie « solide, tendu et concentré ».

Durant la période Ayutthaya, la Thaïlande, alors connue sous le nom de Royaume de Siam, est constamment en guerre avec sa voisine et ennemie mortelle, la Birmanie. À cette époque, l'une des plus sanglantes et violentes de l'histoire du pays, les soldats et citoyens de la Thaïlande sont tenus d'apprendre les techniques de combat du *krabi krabong.* Quant au *muay thaï,* il est intégré à l'entraînement militaire pendant le règne du roi Naresuan (1590-1605). Bien qu'il ne subsiste aucun témoignage écrit sur cette période, son histoire est en quelque sorte préservée oralement grâce à des contes mythiques qui décrivent de façon captivante ses héros et ses légendes. Ces fables affirment que la capitale du royaume, Ayutthaya – qui signifie l'invincible –, est défendue avec succès pendant plus de 400 ans avant de succomber aux assauts des Birmans au milieu du XVIIIe siècle. En fait, l'art martial national de la Thaïlande puiserait ses origines dans le *Ramayana,* une épopée indienne dont les hauts faits sont dépeints en images dans bon nombre de temples thaïs. Certains experts prétendent que les mouvements et postures du *muay thaï* sont élaborés à partir des combats décrits dans le *Ramayana.* La première mention écrite du *muay thaï* remonte à 1411. Les archives de guerre des Birmans parlent des féroces techniques de combat à mains nues des soldats thaïlandais. Ces documents rapportent entre autres choses l'exploit de Nai Knanom Tom, le premier prisonnier de

Naresuan, figure mythique omniprésente
dans la vie des Thaïlandais.

Muay, près de 2000 ans
de techniques de combat
au corps à corps

guerre thaï à s'être évadé en défaisant des douzaines de guerriers birmans. Les guerriers de cette période doivent bien souvent combattre avec pour seules armes leurs coudes, leurs genoux, leurs poings et leurs pieds.

Lorsque l'armée thaïlandaise se met en marche, les guerriers d'élite restent à proximité de la cavalerie, qui elle-même entoure les éléphants de guerre. Le roi arrive au combat à dos d'éléphant ; une unité spéciale composée de gardes armés de sabres doubles est chargée de protéger les pattes des éléphants. L'art du sabre double employé par ces gardes se nomme *krabi krabong* et il inclut le maniement d'armes différentes. La variété des armes utilisées s'explique par le fait que le roi guerroie à dos d'éléphant tandis que les officiers se battent à cheval et que les soldats d'infanterie avancent à pied. L'une des batailles à dos d'éléphant les plus célèbres est celle qui eut lieu à Don Chedi en 1592 et au cours de laquelle le roi Naresuan défit le prince du Myanmar, qui aujourd'hui s'appelle la Birmanie.

La fin de la période Ayutthaya marque aussi la fin des siècles de guerre pour la Thaïlande. Au début de l'ère nouvelle, le *muay thaï* est surtout pratiqué pour amuser le roi dans les arènes de terre battue des jardins royaux. Des combattants viennent alors des quatre coins du pays pour avoir l'honneur de briller devant le roi et ainsi devenir des héros nationaux. Vers 1920, le *muay thaï* sort des confins du palais royal et fait son entrée dans les arènes et stades du peuple.

C'est le début de l'ère moderne. L'année 1956 annonce l'ouverture officielle du stade Lumpini à Bangkok. Dorénavant, c'est là qu'auront lieu les plus grands combats professionnels de *muay thaï*. Cet art martial est aujourd'hui le cœur d'une vaste industrie qui englobe combattants, entraîneurs, promoteurs, recruteurs et hommes d'affaires. Chaque semaine, des centaines de combats professionnels sont disputés en Thaïlande. Les amateurs parient de grosses sommes sur l'issue des combats et les matchs les plus importants sont télédiffusés à la grandeur du pays.

Le *muay thaï*, c'est l'intégrité,
le respect et le cœur.
Tout entraînement est teinté
de ces valeurs

Ajarn *Chai*

ajarn chai L'AMBASSADEUR

« Ton problème, tu es trop grosse... et trop paresseuse. » *Ajarn* Chai tient ces propos à une étudiante arborant cheveux roses et anneaux dans le nez. Ces paroles, dures, de prime abord, sont dites avec une franchise si désarmante qu'elles ne sauraient être interprétées comme désobligeantes. La jeune femme décode les intentions réelles contenues dans cette remarque que seul *ajarn* Chai, maître respecté du *muay thaï*, peut se permettre sans s'attirer les foudres de la destinataire.

Cette scène s'est déroulée au Canada, lors d'un séminaire d'*ajarn* Chai auquel j'ai eu l'occasion d'assister. En vacances à Bangkok pour quelque temps, *ajarn* Chai, pourtant âgé de 54 ans, se fait traiter comme le petit prince de la famille ; sa mère et ses sept sœurs le gâtent outrageusement. C'est pour moi un réel plaisir que d'être acceptée dans ce clan. Et chaque jour, à l'heure du thé, j'en apprendrai un peu plus sur sa longue et illustre carrière.

Natif de Bangkok, *ajarn* Chai commence à s'entraîner dans un camp de boxe situé près de chez lui dès l'âge de sept ans. À 12 ans, il obtient sa ceinture noire en karaté et dispute ses premiers combats de *muay thaï*. Il a 72 combats professionnels à son actif lorsque, en 1968, il part s'installer aux États-Unis pour y enseigner la boxe thaïlandaise.

En 1980, son enseignement attire l'attention du célèbre expert en arts martiaux Guro Dan Inosanto. Ajarn Chai accepte Inosanto comme étudiant après lui avoir fait passer un test particulièrement éprouvant qui consiste à donner, sans chanceler, 1000 coups de pied consécutifs dans un sac de frappe – je remercie le ciel qu'il ne m'ait pas demandé de faire la même chose ! Guro Dan est si impressionné qu'il décide d'organiser avec le maître une série de séminaires qui les mèneront d'un bout à l'autre des États-Unis. Ces séminaires contribueront largement à faire connaître le *muay thaï* en Occident. *Ajarn* Chai fonde bientôt la Thai Boxing Association of the USA, laquelle compte aujourd'hui plus de 20 000 membres et des écoles dans presque tous les États. Fort de ses succès américains, *ajarn* Chai ouvre des écoles dans plus de 14 autres pays. Il a même enseigné son art aux meneuses de claque des Cowboys de Dallas, m'annonce-t-il en exhibant fièrement un chapeau de cow-boy qu'il conserve précieusement.

C'est ici, à Bangkok, que débute ma saga dans les coulisses du *muay thaï*. Sans le concours d'*ajarn* Chai, je n'ai pas grand chance de découvrir rapidement le vrai visage de cet art. Bien qu'il soit en vacances, *ajarn* Chai consent à me donner un entraînement de base. C'est dans un parc voisin qu'il commence par m'enseigner ces coups de coude et de genou dévastateurs, illégaux dans à peu près toutes les variantes du *kickboxing*, mais si caractéristiques du *muay thaï*. J'apprends à enfoncer mon genou dans les côtes de mon adversaire ; je dois répéter le mouvement des centaines de fois avant d'obtenir le moindre signe de satisfaction de la part de mon professeur.

Le plus difficile, c'est que je dois désapprendre. Par exemple, il me faut adopter une position de combat qui, en *muay thaï*, est beaucoup plus ouverte que dans les autres arts martiaux que j'ai pratiqués. Et puis, je n'ai pas l'habitude de donner des coups de genou. C'est également tout un défi que de m'obliger à fixer le sternum de mon rival, plutôt que de le regarder dans les yeux comme je le fais depuis 30 ans. Il semble qu'on ait ainsi une meilleure vision d'ensemble, donc un temps de réaction plus court et une anticipation plus juste.

C'est un réel plaisir que de voir *ajarn* Chai en action. Beaucoup prétendent qu'il rivalise de vitesse avec le regretté Bruce Lee. Mon ami Bob Carver m'a souvent raconté comment, lors d'une conférence, *ajarn* Chai avait attrapé une mouche en plein vol entre le pouce et l'index, sans même interrompre son discours. Sous l'implacable soleil thaï, mon entraînement se poursuit, sans répit. Je me sens encore si maladroite que je désespère d'arriver à faire des progrès. Et dire que mon but est de m'entraîner avec des professionnels !

« Mon père disait : "Sois doux comme la soie mais résistant comme le diamant." » – *Ajarn* Chai

les éléphants BLANCS

L'expression «éléphant blanc», qui désigne un objet excessivement coûteux mais inutile, tire son origine de la culture thaïlandaise. Durant la période Ayutthaya, le roi envoyait parfois un éléphant blanc sacré à un courtisan qui n'était plus dans ses bonnes grâces. Le destinataire n'avait pas le droit de tuer ni d'utiliser l'animal et devait dépenser des sommes astronomiques pour entretenir cette bête sacrée, mais inutile. Grâce à de la famille haut placée d'*ajarn* Chai, le général Chatchai, j'ai pu visiter l'écurie royale des rarissimes éléphants blancs. Symbole national de la Thaïlande, l'éléphant a été utilisé depuis la nuit des temps comme moyen de transport, char d'assaut et animal cérémoniel. Dans la Thaïlande actuelle, l'éléphant blanc est vénéré et bénéficie toujours du statut d'animal sacré. Cette condition privilégiée n'a cependant rien fait pour améliorer son sort, et la survie de ce splendide animal est loin d'être garantie.

Pour captivante qu'elle ait été, la visite de l'étable royale ne m'a valu qu'un trop bref répit. *Ajarn* Chai me conduit maintenant dans un petit camp d'entraînement traditionnel – la cour d'un particulier suffit normalement à cet usage – semblable à celui où, enfant, il a été initié au *muay thaï*. La Thaïlande regorge de petits camps de boxe comme celui-ci. L'équipement y est sommaire : un ring, des pattes d'ours, des cordes à danser et quelques sacs de frappe, le tout installé dans une cour recouverte d'un toit de fortune pour se protéger du soleil. On est loin du gymnase nord-américain moderne.

Autre différence entre la Thaïlande et l'Amérique : ici, les femmes ne montent pas dans le ring. Les Thaïlandais croient qu'un ring dans lequel une femme a pénétré est maudit. Bien sûr, il y a de nos jours des professionnelles du *muay thaï* en Thaïlande, mais les combats qu'elles disputent ont généralement lieu dans un ring différent de celui des hommes.

À mon grand étonnement, *ajarn* Chai m'intime de monter dans le ring. Il a convaincu les autres de nous laisser nous entraîner ici et leur a promis que, bien entendu, le ring fera l'objet d'une purification rituelle par la suite. Je suis très mal à l'aise devant tous ces gens, d'autant plus que normalement, je ne devrais même pas être ici.

Des boxeurs locaux et des enfants du quartier se pressent autour du ring pour m'observer. « Fais attention, il y a beaucoup d'enfants qui te regardent, me dit *ajarn* Chai. Je ne voudrais pas qu'ils se moquent de toi ! » Il dit cela en riant, mais je sais qu'il y a un fond de sérieux là-dedans. Il espère que je serai à la hauteur de sa réputation.

Je travaille avec un partenaire bien protégé : des pattes d'ours et un plastron absorbent les coups que je lui décoche. Je m'entraîne pendant des heures, jusqu'à ce que l'air humide et lourd ait raison de moi. J'ai l'impression d'avoir sué toute l'eau de mon corps. À bout de force, j'entends la voix d'*ajarn* Chai qui me dit en rigolant : « Tu penses que c'est dur, mais ce n'est rien comparé aux camps professionnels ! » Il n'y a pas à dire, il a vraiment l'heur de m'encourager... J'admets que mes coups de genou n'ont rien de ravageur ; par contre, je réussis à maintenir des séries de rafales de trois à cinq coups puissants avec la jambe gauche. C'est du moins ce qu'on m'affirme après l'entraînement. Le propriétaire du camp propose même de

m'entraîner pendant quelques mois pour me représenter ensuite sur le circuit professionnel féminin. Son offre est flatteuse, mais je la décline en souriant. Non, merci !

Au retour, une des sœurs d'*ajarn* Chai m'invite à voir des enfants se livrer des combats de *muay thaï*. Je ne suis pas très chaude à cette idée, mais j'accepte son invitation. Bob Carver, quant à lui, refuse de nous accompagner. Il a déjà assisté à ce genre de spectacle et il n'aime pas voir des enfants se battre pour de l'argent.

À la foire, tout se passe comme Bob me l'avait décrit : des enfants, certains de huit ou neuf ans

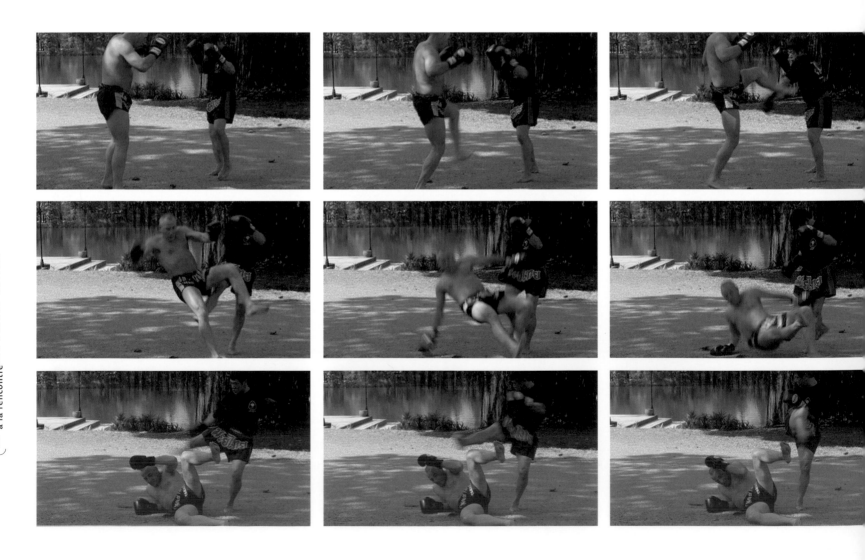

à peine, sans équipement protecteur, se rouent de coups dans le ring pendant que des adultes gagent à tour de bras. On m'apprend ensuite que ces foires sont des lieux de repêchage où il n'est pas rare que des parents « vendent » leur enfant dans l'espoir d'en faire un futur champion. L'enfant devient à toutes fins pratiques la propriété du patron d'un camp d'entraînement.

Ce soir-là, je vois pour la première fois l'incontournable rituel qui précède chaque combat. Avant de monter dans le ring, tout boxeur doit porter deux amulettes : le *mongkon*, un serre-tête, et les *prajied*, deux bandes d'étoffe nouées autour du biceps. Ces objets sacrés font partie du *wai khru* et du *ram muay*, rituels par lesquels, avant chaque combat, les adversaires de tout âge rendent hommage à leur entraîneur, mais aussi à leur roi.

Tout est accompagné d'une musique envahissante jouée par un groupe de quatre musiciens. Une musique dominée par le son strident du *pee chawaa*, un instrument proche du hautbois. Les hurlements des hommes qui agitent fiévreusement leurs tickets dans les airs, le tintamarre des musiciens survoltés, l'étrange vision des enfants se bagarrant, tout cela finit par se fondre en un magma confus de mouvements, de bruits et de couleurs. Quelle étrange expérience ! Quand je quitte l'endroit, mes oreilles bourdonnent et je ne sais plus trop où j'en suis... Le *muay thaï*, pur produit d'une élite, celle des guerriers, est aujourd'hui devenu un gagne-pain pour des enfants de milieux défavorisés. Comment cela s'est-il produit ?

khru lek UNE ÂME D'ARTISTE

Véritable oasis de tranquillité, l'école de *khru* Lek me fait oublier le déconcertant spectacle des enfants boxeurs. En *muay,* il n'y a pas de ring. Khru est l'un des rares maîtres thaïlandais qui se consacrent à la préservation des traditions et de l'esprit du *muay* originel. Ses étudiants s'entraînent dans un jardin niché dans une petite allée, à deux pas de l'une des plus importantes autoroutes de Bangkok. L'école, qui porte le nom de Barn Chang Thai – la maison des arts thaïlandais – est aussi sa résidence.

C'est donc ici que je pourrais découvrir un autre aspect du *muay* ! Avec sa voix douce et ses manières exquises, *khru* Lek est vraiment d'agréable compagnie. Fort comme un bœuf, il est avant tout un artiste accompli. Il me fait visiter l'atelier où il peint et confectionne des marionnettes thaïes traditionnelles. Incrustées d'or et de divers métaux précieux, ces petites merveilles sont des objets de collection qui se vendent une fortune. Si je ramenais un seul souvenir de Thaïlande, ce serait l'une de ces œuvres magnifiques.

Khru Lek désapprouve fortement la direction qu'a empruntée le *muay thaï* moderne. Les combats d'enfants, dit-il, sont symptomatiques d'un plus vaste problème. Selon lui, tout a commencé avec l'abandon des valeurs traditionnelles au profit d'une commercialisation et d'une exploitation éhontée. « C'est devenu une usine qui produit des machines à combattre », affirme-t-il. *Khru* Lek me raconte ensuite comment s'est développée sa passion pour les arts thaïlandais traditionnels. Il a commencé à pratiquer le *muay thaï* à l'âge de 12 ans pour très vite se convertir à l'art plus ancien du *muay.* À 18 ans, il s'inscrit à l'école des beaux-arts. Né d'une lignée de maîtres artisans, *khru* Lek s'intéresse bientôt au *hun grabork,* l'art des marionnettes thaïes traditionnelles.

Dans le jardin situé sous l'atelier, je me joins aux élèves de *khru* Lek. Tout autour de nous, assis sur l'herbe, des enfants sont occupés à peindre. Ils lèvent parfois les yeux pour nous observer puis retournent à leurs dessins.

Le *muay* me force encore une fois à revenir à la case départ. Ses techniques sont très différentes de celles du *muay thaï* moderne. *Khru* Lek me dit que les mouvements du *muay* sont des formes antiques des mouvements que j'ai appris en *muay thaï.* Le langage gestuel est à l'honneur car la classe ne se déroule qu'en thaïlandais. Au lieu des gants de boxe, les mains des élèves sont bandées à la manière traditionnelle. À une époque lointaine, les bandes étaient d'abord trempées dans la résine et recouvertes de fragments de verre ou de roches, puis séchées au soleil... À son école, *khru* Lek ne met pas l'accent sur le combat. C'est l'aspect rituel du *muay* qui l'intéresse. Ce qu'il recherche avant tout, c'est à préserver un aspect important de la culture thaïe et à encourager la pratique d'un art martial dénué de cette compétitivité maladive qui mine le *muay thaï* moderne.

Après ma dernière soirée d'entraînement chez *khru* Lek, j'assiste à un spectacle de marionnettes dépeignant une scène du *Ramakian,* une épopée considérée comme une œuvre marquante de l'art thaïlandais. Version thaïe de l'épopée indienne *Ramayana*, le *Ramakian* est aux Thaïlandais ce que l'*Iliade et* l'*Odyssée* d'Homère sont aux Occidentaux.

Les splendides marionnettes de *khru* Lek tiennent la vedette de ce spectacle dramatique. L'histoire est captivante : il y a un roi, une reine, plusieurs batailles épiques et un baiser passionné qui amène les spectateurs, grands et petits, à pousser de grands soupirs alanguis.

À dur adversaire, sois doux ; à adversaire doux, frappe...

... l'adversaire s'échappe, poursuit, attrape et tire ;
par l'arrière, attaque et brise le cou ⌡

« Durant la période Ayutthaya, l'entraîne-ment avec les armes était obligatoire tant pour l'armée que pour les civils hommes et femmes »

ajarn manote D'ARTAGNAN

Je quitte l'atmosphère lumineuse du jardin de *khru* Lek pour passer à l'étape suivante de mon apprentissage : le *krabi krabong*, ou l'art de manier le sabre et le bâton. Aux dires de *khru* Lek, *ajarn* Manote, expert dans le maniement de l'épée dit *attamard*, est LE maître du *krabi krabong*. Cet art d'armes blanches a connu son apogée au temps du légendaire roi thaïlandais Naresuan, il y a de cela plusieurs centaines d'années.

Ajarn Manote a pratiqué en secret, pendant 20 ans, les techniques extrêmement dangereuses de cet art en refusant de partager avec qui que ce soit les enseignements de son maître décédé *ajarn* Suriya, avant de comprendre l'importance de laisser un héritage et, ainsi, de rendre hommage à l'âme des anciens maîtres. Avec l'aide d'*ajarn* Chartchai, il ouvre bientôt une école où des élèves sélectionnés d'après leurs qualités morales et physiques s'entraînent régulièrement.

Sachant que *ajarn* Manote n'a jamais accepté d'élève étranger, je me rends chez *ajarn* Chartchai, son protecteur et mécène, pour y plaider

ma cause. Plusieurs personnes influentes, dont *khru* Lek, ont déjà intercédé en ma faveur ; néanmoins, jusqu'à maintenant, je n'ai eu droit qu'à des refus catégoriques. Riche homme d'affaires doublé d'un expert en arts martiaux, *ajarn* Chartchai accepte finalement de me rencontrer. Chartchai est un type costaud débordant d'assurance. Il m'annonce tout de go que rien ne lui tient plus à cœur que la préservation des traditions reliées aux arts martiaux thaïlandais, et tout particulièrement celles du *krabi krabong*. Je le sens réticent, aussi suis-je surprise qu'il accepte de me faire découvrir l'histoire du *krabi krabong* en m'emmenant visiter Ayutthaya, l'ancienne capitale du Royaume de Siam. Compte tenu des requêtes qui ont été faites en mon nom et compte tenu de ma ténacité, je crois que Chartchai se sent obligé de m'accorder au moins cette faveur. Mon prix de consolation.

Surprise ! *ajarn* Manote nous accompagne à Ayutthaya. Élancé, le teint sombre, d'une grande timidité, il semble incapable de regarder qui que ce soit dans les yeux. Bien que nous voyagions tous les trois dans la même voiture, pas un mot ne sort de sa bouche. Notre périple vers le nord se déroule dans un silence tendu, pesant. Nous nous rendons à Wat Yai Chai Mongkhol, un temple commémorant la fameuse bataille à dos d'éléphant du roi Naresuan. Notre arrivée matinale est soulignée par la voix des moines et des religieuses qui chantent non loin de là. La splendeur d'Ayutthaya m'éblouit. J'apprécie la paix qui règne ici en contraste avec la pollution et la frénésie de Bangkok.

J'ai droit à une brève visite des lieux et à une leçon d'histoire qu'*ajarn* Chartchai me dispense sur un ton courtois et en français, s'il vous plaît. Autre surprise: les deux maîtres décident de se livrer à une séance d'entraînement improvisée. *Ajarn* Manote va chercher ses armes dans le coffre de la voiture. Les armes utilisées en *krabi krabong* ont été développées durant les nombreuses guerres qui ont opposé pendant des siècles les Thaïlandais aux Birmans. Parmi les armes dont on enseigne encore le maniement de nos jours : le sabre (*krabi*), le bâton (*krabong*), le sabre double (*daab song mue*), la hallebarde (*ngow*), la lance courte (*hawk*) et les boucliers (*loh*, *dung* et *ken*). Très peu de maîtres enseignent cet art aujourd'hui et je suis privilégiée qu'*ajarn* Manote, même s'il demeure distant à mon égard, accepte d'empoigner ses sabres devant moi. Il se transforme littéralement sous mes yeux. Le maître s'échauffe, les lames de ses sabres fendent l'air avec rapidité et précision. Ma foi, c'est le d'Artagnan de la Thaïlande que j'ai tout à coup devant moi !

Ajarn Manote me fait faire une série d'exercices destinés à me familiariser avec la manipulation de deux sabres. Les muscles de mes

Défenseurs des pattes des éléphants, les soldats *grom attamard* déviaient flèches et lances avec leurs épées.

épaules deviennent rapidement raides et douloureux. J'évite les assauts de Manote avec succès. Les attaques pleuvent... il faut une coordination incroyable pour manier deux épées... À un moment, je réussis même à riposter à ses vives attaques, nos lames s'entrechoquant dans un grand fracas. Je garde la cadence pendant une bonne minute. Son attitude envers moi change alors du tout au tout. L'espace d'un moment, je veux croire que quelque chose de magique s'est passé ! Une fois notre séance improvisée terminée, *ajarn* Manote redevient silencieux, mais son regard n'évite plus le mien.

De retour à Bangkok je resterai sans nouvelles pendant plusieurs jours. Puis, soudain, je reçois une invitation à l'école d'*ajarn* Manote. Pour une surprise, c'est toute une surprise ! J'aurais été reconnaissante de simplement assister à quelques classes, or, voilà qu'on m'annonce qu'on m'accepte comme étudiante ! J'apprends que je vais devoir me prêter à une cérémonie d'initiation élaborée. Captivée par la cérémonie, je remarque à peine une bourrasque de vent. On me dira plus tard que cette bourrasque a été interprétée comme un signe favorable du destin. *Ajarn* Manote semble maintenant croire que ma présence est l'annonce d'une

ère glorieuse pour le *krabi krabong*. Pour eux, j'en suis l'instrument. Quel revirement ! Après plusieurs séances de *krabi krabong*, les deux *ajarn* m'invitent à dîner avec un groupe d'élèves et d'amis. Au cours du dîner, je me rends compte que tout le monde continue de parler de l'incident pourtant survenu il y a plusieurs semaines déjà. Je saisis alors l'ampleur de nos différences culturelles : ce qui n'est qu'un coup de vent vite oublié pour moi constitue une manifestation surnaturelle d'importance pour les deux *ajarn* du *krabi krabong*, convaincus que ma présence contribuera à la renaissance de leur art.

Leur sincérité m'a presque convaincue !

D'abord la maîtrise du combat à main nue, puis le maniement des armes, de la plus longue à la plus courte – bâton, lance, épée, dague.

Au rite d'initiation à la mémoire du roi Naresuan.

ajarn apidej ROI DU COUP DE PIED

Ajarn Apidej est une légende vivante. En Thaïlande, on le surnomme le « roi du coup de pied ». Rien dans son apparence ne laisse soupçonner qu'il a les jambes les plus puissantes de toute l'histoire du *muay thaï* moderne et qu'il est à ce jour le plus grand combattant que ce sport ait connu. Cet homme souriant, à la démarche gracieuse et à l'allure quasi efféminée, décochait pourtant des coups de pied si dévastateurs que ceux qui assistaient à ses combats ne pouvaient supporter la vue des blessures qu'il infligeait à ses adversaires. Maintenant âgé de plus de 60 ans, Apidej est entraîneur en chef et coache une vingtaine d'aspirants champions au camp professionnel Fairtex.

Situé en banlieue de Bangkok, Fairtex est un camp d'allure pour le moins spartiate. L'atmosphère qui y règne évoque celle d'un camp d'entraînement militaire. Ici, on s'entraîne. Quant à moi, je veux juste tenir le coup. Les boxeurs professionnels avec lesquels je vais travailler sont en âge d'être mes enfants !

En ce lieu de discipline, Apidej est une présence humble et rassurante. Il est difficile d'imaginer que, d'un seul coup de pied, cet homme d'apparence inoffensive pouvait casser le bras ou la jambe d'un adversaire comme s'il se fut agi d'une brindille. « On dit que je suis comme une femme en dehors du ring », lance-t-il en riant. Si ses manières délicates lui ont valu bien des moqueries, tous ceux qui l'ont vu combattre parlent de l'extraordinaire métamorphose qui s'opérait quand il entrait dans le ring.

Apidej a disputé 350 combats avant de prendre tardivement sa retraite à l'âge de 37 ans. Considérant sa carrière, il s'estime heureux d'être encore en vie. La plupart de ses anciens adversaires n'ont pas eu cette chance.

On m'avait avertie que l'entraînement ici serait exigeant, mais c'est encore pire que ce que j'avais imaginé. La journée commence à 6 h chaque matin avec un petit 20 km de course suivi d'une séance d'entraînement de deux heures, incluant saut à la corde et *sparring* léger. Partout autour de moi, des coudes s'enfoncent dans des pattes d'ours et des genoux volent dans des sacs de frappe avec une régularité de métronome. Les boxeurs sont très gentils avec moi ; ils s'interrompent régulièrement pour me montrer comment faire. J'apprendrai plus tard que l'un d'eux est champion national.

« Tels des gladiateurs,
les boxeurs *muay*
s'entraînent à la limite
de l'endurance humaine »

Cet entraînement rigoureux ne nous affecte pas tous de la même manière. À l'heure du lunch, alors que, épuisée, je suis heureuse d'aller m'étendre, les gars se relaxent en jouant au soccer. Pendant ce temps, Apidej s'amuse avec une balle de *aki*. Il encourage ses poulains à pratiquer durant leurs temps libres ce jeu qui aide à développer les réflexes.

Le repas du midi est suivi d'une autre séance d'entraînement de deux heures. Un *sparring* plus poussé et des exercices d'endurance sont au menu, toujours en rounds de deux minutes. On arrête et c'est reparti ! Le rythme et l'intensité du travail sont incroyablement éreintants mais, pour tous les élèves ici, ce n'est que routine.

Durant mes premiers jours à Fairtex, Apidej fait peu de cas de moi. Et il n'a aucune raison d'agir autrement.

Fairtex et les boxeurs qui s'y entraînent sont la propriété de Philip Wong, un richissime homme d'affaires thaïlandais. Ici, on s'entraîne cinq heures par jour, six jours par semaine. Tous les boxeurs de Fairtex rêvent de devenir le prochain Apidej.

Comble du malheur, j'ai contracté une forte fièvre. Je continue malgré tout à m'entraîner encore et encore, et de plus en plus intensément. Je fais appel à toutes mes années d'expérience dans les arts martiaux pour essayer de ne rien laisser paraître. J'imagine que j'ai encore quelque chose à me prouver...

« Le *muay thaï* n'est pas cruel. C'est un art. »

« Un vrai combattant *muay* respecte l'adversaire. »

« Ne te bats pas comme une brute, allie puissance et intelligence. »

Ajarn *Apidej*

Normalement, je m'entraîne dans le périmètre près du ring. Puis, sans avertissement, Apidej me somme de monter sur le ring proprement dit. Pas encore ! Malade et à bout de forces, je n'ai aucune envie de relever ce défi. J'obéis tout de même, mais je suis si nerveuse à l'idée de monter dans ce fichu ring que, sans réfléchir, je passe par-dessus le câble supérieur. Un geste tabou. Oh ! non !...

Ajarn Apidej enfile deux pattes d'ours et me fait exécuter des combinaisons de coups. Minée par la fièvre et la chaleur, je me sens sur le point de défaillir, mais je tiens bon. Apidej m'exhorte à continuer ; or, je ne veux pas perdre la face. Il tient les pattes d'ours dans différentes positions et dicte les combinaisons que je dois exécuter – coups de pied suivis de plusieurs coups de genou ; et on enchaîne avec le coude ; et encore avec les pieds... Mon tortionnaire s'arrête parfois pour me lancer un « *Beautiful !* » – son mot anglais préféré –, puis il remet ça aussitôt, ne me laissant aucun répit. Quand mon calvaire finit enfin, je m'écroule sur le ring, à bout de souffle, les poumons en feu. Apidej me regarde en souriant. Je me relève péniblement en me disant que j'aurai au moins donné le meilleur de moi-même.

Paisiblement assise maintenant, je regarde les boxeurs thaïs se démener de plus belle. Le *muay thaï* est un sport extrême – violent, brutal et dangereux. Peu de choses des principes spirituels de cet art originellement si complexe subsistent dans sa forme moderne. Sauf le courage et la détermination. C'est pourquoi les boxeurs contemporains forcent l'admiration tout comme aux temps anciens. Mon passage parmi eux est pour moi une fierté que je revendique encore. Que ces hommes soient pour la plupart pauvres et peu instruits est tout à leur honneur. Ils sont, de toute évidence, les dignes guerriers de la Thaïlande.

karATÉ

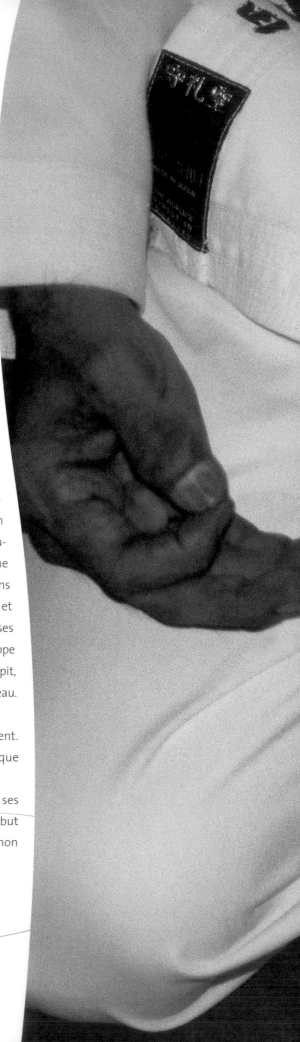

karaté DO

Okinawa, dojo Jundokan. Le vénérable maître se prépare au
combat. Autour de lui, ses jeunes disciples l'observent pendant qu'il inspire en poussant l'oxygène au plus profond de son
corps. Ses muscles ainsi tétanisés forment une armure natu-
relle autour de ses organes vitaux. Le maître ne bouge plus, ne
respire plus, comme pétrifié. Enfin prêt, il avance d'un pas. Dans
le dojo, le silence est absolu. Soudain, il émet un cri strident et
bondit en avant. Le poids des ans semble s'évanouir quand ses
poings explosent en une séquence énergique et précise. Il frappe
dur, bat des pieds, virevolte autour de son adversaire, s'accroupit,
glisse gracieusement vers l'arrière pour s'interrompre de nouveau.
Puis il bondit une dernière fois et assène le coup fatal.

Tout est fini maintenant. Il recule, expire et s'incline profondément.
Devant tant de puissance et de précision, comment croire que
l'adversaire n'est pas réel ?

Après avoir exécuté son kata, le vieux maître se retourne vers ses
élèves. Ont-ils saisi la force, la technique et l'implacable but
guerrier de sa performance qui, aux yeux d'un spectateur non
averti, pourrait passer pour une simple chorégraphie.

kobuDO

Bô, sai, kama, tonfa, nunchaku

Armes du kobudo, extensions de la main, outils transformés

Bô, sai, kama, tonfa, nunchaku

Protection de mon indépendance et de mon identité

mon arrivée AU PAYS

Okinawa, Japon, en pleine saison des typhons. L'air est humide, chaud et lourd. D'emblée, l'île me frappe par un petit côté décontracté. Presque totalement rasée pendant la Deuxième Guerre mondiale et rebâtie petit à petit, Okinawa propose aujourd'hui une architecture tout à fait quelconque qui me fait penser à une Floride japonaise.

Okinawa, longtemps royaume semi-autonome avant de se retrouver sous la tutelle de la Chine puis sous celle du Japon, est la plus grande île d'un archipel situé au large de la côte chinoise. Les Américains s'en emparent après la Seconde Guerre mondiale et y conservent encore des bases militaires sur à peu près le tiers de l'île. Pourtant presque personne ici ne parle anglais. Il ne faut peut-être pas s'en étonner, compte tenu de la farouche obstination qu'ont mise, des siècles durant, les Okinawais à préserver leur indépendance. Le *credo* des habitants de l'île pourrait se résumer à ceci : Okinawais d'abord, Japonais ensuite.

Je m'installe dans un hôtel à Naha City, la capitale. Je constate vite que les gens d'ici sont plus

cordiaux, plus décontractés que les Japonais continentaux. Les rues de la ville sont jalonnées d'ombrelles ; il semble que les Okinawaises tiennent à leur teint de porcelaine. Kokusai Dori, la rue principale de Naha City. Je déambule devant les commerces où l'on vend toutes sortes de bricoles, mais aussi d'alléchantes friandises locales allant du porc au tofu en passant par un éventail de biscuits à faire rougir les Anglais. Tout est cher ici, mais j'achète tout de même un morceau de sucre noir, une denrée miraculeuse qui, dit-on, a le pouvoir d'ajouter quelques années à notre vie. Les Okinawais sont d'ailleurs reconnus pour leur étonnante longévité. Les spéculations vont bon train sur leur recette magique, qui tiendrait à l'heureux mariage de l'alimentation, du style de vie et de la spiritualité. Je me laisse tenter par une autre spécialité locale, un saké appelé *awamori*. Son goût horriblement fort et alcoolisé me fait perdre, j'en suis convaincue, les quelques années que j'avais gagnées avec le sucre noir.

L'*awamori* me brûle encore l'estomac quand je rejoins mon vieil ami et partenaire d'entraînement, le karatéka Jean Frenette. Il arrive lui aussi du Canada. Ceinture noire 8ᵉ dan, Jean a été cinq fois champion du monde en kata musical. Il fait chaque année un pèlerinage à Okinawa, lieu de naissance du karaté, pour renouveler les liens avec une pratique plus conforme aux racines de l'art. Ce karaté fondé sur une maîtrise absolue des katas, sans compétition, est en quelque sorte aux antipodes du karaté de compétition si populaire de par le monde.

Je suis venue à Okinawa pour découvrir cet art de puriste en étant consciente que c'est un univers hermétique, extrêmement rigoureux et majoritairement masculin.

Devenu très populaire avec le temps, le karaté est un art martial caractérisé par des attaques et des contre-attaques explosives. La maîtrise de l'art exige un entraînement rigoureux, discipliné et parfois même brutal. Bien que par le passé Jean et moi ayons couru les circuits de

⌈Ce que je viens chercher ici, c'est l'essence même du karaté, le *Do* ⌋

Les fameux *awamori*.

compétition, ce que je recherche, à Okinawa, n'a rien à voir avec cette époque qui, dans mon cas, a duré quelque 10 ans.

Ce que je suis venue chercher ici, c'est l'essence même du karaté, ce que certains appellent le « karaté *do* ». Je veux tenter d'harmoniser corps et esprit de façon à atteindre un niveau supérieur d'épanouissement personnel. En japonais, on nomme *do* le chemin qui mène à cet état de grâce. Pour y arriver, je veux me plonger dans la culture dont le karaté est issu et apprendre les fondements de ce style si différent de celui que j'ai connu. Peut-être pourrais-je, par la même occasion, saisir comment sa pratique plutôt hermétique a pu évoluer pour devenir cet art de compétition qui soulève les foules et fait courir les producteurs hollywoodiens.

Pour mesurer mes progrès sans passer par la compétition, j'ai choisi de me concentrer sur l'apprentissage d'un kata, cette série déterminée de mouvements, combat disputé contre un adversaire imaginaire, et faire juger la qualité de mon exécution par un maître reconnu.

Chisa mâle et femelle, dieux protecteurs venus de Chine.

résistance et CLANDESTINITÉ

À partir du xivᵉ siècle, l'île d'Okinawa – connue alors sous le nom de « Royaume de Ryû-Kyû » – est sous l'emprise d'envahisseurs successifs. Les Chinois sont les premiers à imposer une souveraineté qui durera jusqu'en 1609, année où le clan Satsuma, originaire du sud du Japon, s'empare de l'île. Okinawa devient préfecture japonaise en 1879, ce qui marque la fin du Royaume de Ryû-Kyû.

Dès le début de l'occupation chinoise, tout est mis en œuvre pour empêcher les habitants de l'île de se rebeller. À la fin du xivᵉ siècle, le roi Sho Shin confisque les armes, forçant ainsi la population à trouver d'autres moyens pour se défendre. On dit qu'au cours des siècles suivants bon nombre d'Okinawais vont en Chine apprendre les techniques de combat à mains nues qui seraient à l'origine du karaté.

Après avoir pris possession de l'île au xviiᵉ siècle, les Japonais maintiennent l'embargo sur les armes décrété par Sho Shin. Pour se protéger des bandits et autres agresseurs, les Okinawais

Bataille d'Okinawa : en trois mois, 200 000 morts.

façonnent de nouvelles armes à partir d'outils agricoles. L'art martial né de cette pratique se nomme *kobudo*.

Sous la domination japonaise, le style de vie traditionnel des Okinawais ne change pas. Puis la Deuxième Guerre mondiale vient tout bouleverser. Les habitants de l'île sont alors enrôlés de force dans l'armée japonaise. Le 1er avril 1945, Japonais et Américains s'affrontent dans l'un des combats les plus sanglants que la guerre ait connu : la bataille d'Okinawa. En trois mois, l'affrontement fait plus de 200 000 morts et l'île est presque entièrement détruite.

Une fois la guerre terminée, les habitants d'Okinawa s'emploient à rebâtir leur île. Les Américains, qui contrôlent alors le territoire, interdisent la pratique des arts martiaux. Par la suite, l'interdiction est levée et les dojos, ces lieux où on enseigne les arts martiaux, ouvrent de nouveau leurs portes.

Le peuple d'Okinawa s'est remis de façon remarquable des affres de la guerre. Bien qu'ayant vécu pendant des siècles sous le joug de la Chine, du Japon et des États-Unis, les Okinawais ont su conserver leur identité culturelle distincte, et ce, grâce à leur esprit farouchement indépendant.

⌈Seuls les enfants reçoivent des cours formels ; les adultes, quant à eux, font de l'entraînement libre⌋

kinjo sensei LE TRADITIONALISTE

Jean Frenette me présente Kinjo *sensei,* un 7ᵉ dan et ami de longue date. Kinjo consent à m'enseigner les bases du karaté d'Okinawa. Nous nous rencontrons au dojo Tokumura, l'école qu'il a reprise après la mort de son maître. Kinjo a vraiment le type physique d'un Okinawais : 1,67 m, carré, torse long, c'est un modèle de force et de stabilité. Son sourire est contagieux et, a mon grand bonheur, il parle un peu anglais. Ouvert sur le monde, il donne souvent des stages à l'étranger. Comme la plupart des *sensei* locaux, il s'efforce de préserver les techniques d'entraînement traditionnelles d'Okinawa.

Quelques jours après notre première rencontre, je le retrouve à son dojo pour ma première classe. Chose normale à Okinawa, tous les élèves du dojo sont des jeunes. Ici, les classes dirigées s'adressent généralement aux enfants, car les adultes s'entraînent par eux-mêmes. Cela me convient très bien pour l'instant. J'espère assimiler rapidement les bases sans avoir à importuner qui que ce soit. Les rudiments du karaté d'Okinawa sont légèrement

différents de ce que j'ai appris, c'est donc pour moi un véritable retour à l'école ! Outre les cours au dojo Tokumura, Jean m'a prévenue que nous allons nous entraîner deux ou trois heures par jour au Jundokan, le dojo principal au centre-ville de Naha.

Je me présente donc à ma première classe, un cadeau à la main pour le *sensei*. C'est une tradition, mais aussi un devoir pour quiconque veut être accepté dans le dojo. Le Tokumura est un petit dojo de quartier ; apparu après la guerre, l'école « dojo maison » remplace le traditionnel dojo extérieur « dojo jardin ». Au Tokumura, ni douches ni vestiaires. De l'équipement d'entraînement et des armes traditionnelles reposent contre les murs. Les jeunes karatékas arrivent de la rue en courant, vêtus

de leur uniforme blanc – le *gi* –, empressés de s'entraîner sur le plancher de bois aux tons chauds du dojo.

Kinjo *sensei* m'initie aux méthodes traditionnelles d'entraînement qu'il préconise. Il m'initie d'abord au *hojo undo,* un programme d'exercices complémentaires dans lequel des outils et des objets de la ferme sont employés pour renforcer les différentes parties du corps. J'observe Kinjo *sensei* avec étonnement alors qu'il soulève un énorme axe de roue de chariot, le place en équilibre sur son dos et commence à le faire rouler de haut en bas le long de sa colonne vertébrale. Je tente ensuite l'expérience, mais l'axe est si lourd que je parviens à peine à le soulever ! Heureusement, il y a dans le *hojo undo* des exercices qui me conviennent mieux. L'un d'eux fait appel à des jarres sans col ni rebord nommées *nigiri-game.* L'exercice consiste à marcher d'un bout à l'autre du dojo, lentement, le centre de gravité bas (en position *sanchin*) et les bras écartés, en tenant du bout des doigts ces jarres vides qui pèsent 9 kg chacune. Je fais un essai, mais je suis incapable de tenir le coup plus de quelques secondes. Les jarres me glissent des doigts. Kinjo *sensei* m'explique qu'il faut être un homme très costaud pour pouvoir faire l'exercice avec ces jarres trop lourdes pour moi. Il me promet qu'on ira bientôt m'en faire fabriquer une paire sur mesure. Kinjo *sensei* pourrait aisément utiliser de l'équipement moderne dans son école, mais il préfère inculquer à ses jeunes élèves les traditions du karaté.

J'ai vite compris que la tradition et le *do* sont des aspects du karaté que Kinjo *sensei* a à cœur. Il ne croit pas aux vertus de la compétition. Selon lui, elle a quelque chose de superficiel et ne développe pas la force intérieure. Kinjo considère en fait que le karaté de compétition va à l'encontre du karaté *do* dont l'objectif premier est d'offrir à l'individu une façon de s'épanouir et de trouver un meilleur équilibre de vie. La recherche absolue de la victoire au détriment du reste ne mène pas à l'essence de l'art. Les techniques de combat du karaté ne doivent être employées qu'en cas de stricte nécessité et non pour gagner des trophées.

Après la classe, Kinjo *sensei* nous emmène, Jean et moi, dans un *isakaya,* une sorte de bistro de quartier. Kinjo y vient souvent après l'entraînement pour retrouver ses amis karatékas et discuter arts martiaux en buvant du *biru* et de l'*awamori.* Plusieurs copains de Kinjo sont déjà là au moment de notre arrivée. La communication s'avère difficile au début, mais après quelques verres ces hommes abandonnent leur réserve et se mettent à mimer ce

qu'ils racontent à mon intention. Kinjo me présente à deux autres *sensei* suscep-
tibles de vouloir s'entraîner avec moi. L'un d'eux est Taira *sensei,* un homme à l'air
fermé, au crâne rasé et à la poigne d'acier. Ses jointures sont couvertes de 2 ou
3 cm de corne ! Je n'ai jamais rien vu de pareil.

Kinjo *sensei* me présente ensuite Chinen *sensei,* le chef cuisinier – un 8e dan, en fait
– occupé à préparer de splendides poissons bleu fluo derrière le comptoir en bois
de l'établissement. Chinen *sensei* est le propriétaire de *l'isakaya* et fait partie du
cercle d'amis qui se rassemblent régulièrement ici. On boit jusque tard dans la
nuit, un rituel. Tout le monde s'exprime maintenant sans retenue et la conversation devient de plus en plus bruyante. Élèves et *sensei* se lèvent pour faire la
démonstration de tel ou tel mouvement. Je les regarde boire, rire, discuter fort
jusqu'aux premières heures du matin et je me demande comment ils font pour
tenir le coup.

Dans les semaines qui suivent, je m'entraîne régulièrement au dojo Tokumura, mais
aussi au Jundokan, soit seule, soit avec Jean Frenette. Les techniques de base
du style d'Okinawa sont légèrement différentes du karaté que j'ai étudié, les
méthodes d'entraînement comme le *hojo undo*
sont pour moi une découverte intéressante.

Lors de ma dernière classe, j'apporte des jeux
Lego pour tous les enfants. Une fois ma distribution terminée, j'offre le dernier jeu à Kinjo
sensei. Normalement, je n'aurais jamais osé
donner un cadeau pareil à un *sensei,* mais je
connais l'esprit gamin de Kinjo et je sais que
ça va l'amuser. De fait, ma petite surprise
l'enchante et il entraîne aussitôt les enfants
dans un gai et turbulent échange de cadeaux.

chinen sensei LE CHEF

Chinen *sensei* est un spécialiste en kata mais aussi un chef hors pair, et c'est dans un des grands marchés de poissons de Naha que nous nous rencontrons. Là, j'ai droit à une tranche absolument merveilleuse de la vie quotidienne. Le marché est un vaste entrepôt sur les quais où sont entassés des milliers d'espèces de poissons aux coloris chatoyants. Ici, la marchandise est fraîche : les arrivages proviennent tout droit des bateaux de pêche à moins de 50 m ! Chaque matin, juste avant l'aube, Chinen *sensei* y vient. En l'accompagnant, je veux en apprendre un peu plus sur cette fameuse alimentation okinawaise qui, je l'espère, ajoutera cinq années à ma vie.

Chinen *sensei* a accepté de m'aider à choisir un kata avancé que je vais tenter de perfectionner durant mon séjour. Cet exercice est conçu pour se rapprocher de l'essence du karaté *do*. Plus tard, Chinen *sensei* m'emmène dans un parc pour me montrer divers katas de base, en commençant par *sanchin*, un kata de respiration.

Chinen *sensei*, petit et filiforme pour un Okinawais, ne laisse absolument pas présager l'étonnante puissance qui émane de lui lorsqu'il exécute le kata *sanchin*. Ce kata est utilisé non seulement pour contrôler la respiration, mais aussi pour se forger une musculature qui s'apparente à une armure. La démonstration de concentration qu'il me fait est impressionnante : Jean, qui était à proximité, le frappe violemment à la poitrine ; Chinen laisse alors échapper une série de brèves expirations aussi sonores que des explosions. Ensuite, après chaque déplacement, on lui assène d'autres coups violents et il exhale d'autres sons bruyants. Puis, soudainement, il pousse des heu ! heu ! qui semblent émaner du plus profond de son être, des sons qui font penser à des tuyaux d'orgue qui se vident complètement. À la fin de ce kata qui dure moins de deux minutes, Chinen est couvert de sueur.

Durant les jours qui suivent, kata, kata, kata j'en vois dans ma soupe ! Ayant promis de me guider dans l'apprentissage du kata avancé que je choisirai, Chinen *sensei* m'emmène au *budokan*, un centre sportif d'arts martiaux comme on en trouve un peu partout au Japon.

Au *budokan*, Chinen m'a ménagé une petite surprise. Plusieurs de ses amis comptent parmi les plus grands *sensei* de l'île. Or, il les a rassemblés pour que chacun me fasse la démonstration de son kata favori. Quelle prodigieuse façon pour moi de découvrir l'ensemble des katas avancés !

J'ai droit à tout un spectacle de puissance, de beauté et de précision. Tous les katas ont leur particularité, leur personnalité. Je choisis finalement un kata adapté à mon physique et pour lequel j'ai tout simplement un coup de cœur : *seienchin* « la petite maison », comme je l'ai surnommé.

Au terme de cette séance d'entraînement privilégiée, nous nous rendons tous à l'*isakaya* de Chinen *sensei*. J'y rencontre pour la seconde fois l'impressionnant Taira *sensei*. Je ne peux m'empêcher de fixer mon regard sur ses mains – on les jurerait recouverte d'une carapace. Dans le courant de la soirée, je l'interroge sur ses méthodes d'entraînement. Ayant bu une bonne ration d'*awamori*, Taira *sensei* se montre maintenant très animé. Frustré de ne pas pouvoir me faire comprendre verbalement les détails d'une technique particulière, il monte sur la table et se met à lancer des coups de pied et des coups de poing dans les airs pour me montrer concrètement ce qu'il cherchait à m'expliquer. Puis il change soudain de numéro pour exécuter une danse traditionnelle ! Sa démonstration a l'heur de nous réjouir. Je suis en larmes… Kinjo *sensei* me souffle à l'oreille : « Ne t'inquiète pas, il va descendre de là quand sa femme va arriver. »

Je prends cela comme une blague, sachant fort bien qu'à Okinawa comme dans l'ensemble de la société japonaise, les épouses n'accompagnent pas leur mari dans leurs sorties. Aussi suis-je très étonnée quand, peu après, une femme seule pénètre dans l'*isakaya* et va s'installer à une table située dans le coin opposé à la nôtre. En apercevant la dame, Taira *sensei*, qui est toujours debout sur la table à faire le clown, se rassoit aussitôt et devient silencieux.

Je ne peux m'empêcher de rigoler devant l'absurdité de la situation.

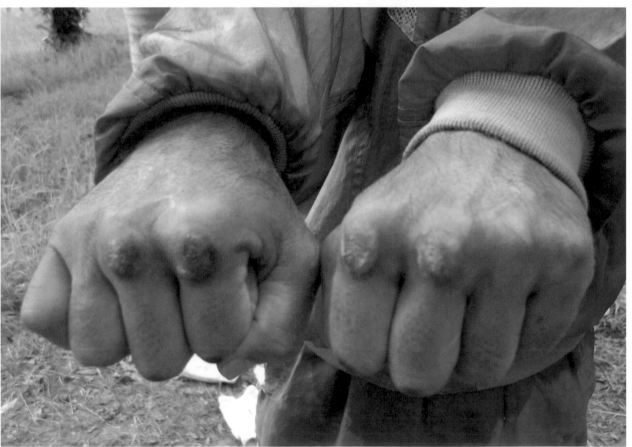

La souffrance du geste 1000 fois répété.

taira sensei LE GUERRIER SOLITAIRE

Un soir, alors que Taira *sensei,* Jean et moi revenons du dojo, nous croisons une bande de jeunes motards qui font un boucan d'enfer non loin de mon hôtel. Je dis à Jean qu'il y a plusieurs nuits que ces gars-là empêchent le voisinage de dormir.

Jean me raconte alors une histoire qui met en vedette Taira *sensei.* Policier, il vient tout juste de finir son quart de travail quand un citoyen appelle au poste pour se plaindre d'une bande de voyous, des *yakuza,* qui sèment la terreur dans un quartier résidentiel en faisant pétarader leurs motos. Taira empoigne plusieurs *jo,* des bâtons, et part sur-le-champ. Arrivé sur les lieux avant les autres policiers, il s'approche calmement de la bande et se met à lancer ses bâtons dans les roues des motos qui lui tournent autour. Un des voyous l'attaque avec une chaîne armée de lames de rasoir. Taira perd un bout de doigt en tirant sur la chaîne pour désarçonner son agresseur. Quand finalement les renforts arrivent, toute la bande de fiers-à-bras est au tapis, certains inconscients, d'autres gémissant de douleur.

Taira *sensei* est un redoutable combattant, un vrai de vrai. Moi qui me frotte au monde des arts martiaux depuis plus de 30 ans, je peux dire que j'ai rencontré peu de gars aussi durs et combatifs que lui. En tant que policier, il est appelé à participer à des opérations délicates et dangereuses. Pour lui, le karaté est une arme qui doit être efficace au quotidien, et les katas, une extension d'un combat réel. L'application pratique du kata se nomme *bunkai.* Taira est un expert en la matière et est également reconnu pour ses techniques d'entraînement extrême.

En quelques semaines j'ai mémorisé les mouvements de mon kata et il est temps que je commence à le décortiquer si je veux bien comprendre ce que je répète sans arrêt. Jean me conseille d'aller m'entraîner avec Taira *sensei.*

Le jour où Jean et moi avons rendez-vous avec Taira, la météo annonce un typhon à l'horizon. On se rejoint au parc Sueyoshi, qui surplombe le centre-ville de Naha City.

« Se discipliner, pour qu'en dépit des impulsions et des passions, la noblesse d'âme guide le comportement dans le dojo, dans les combats et dans la vie »

Le bushido

Malgré l'alerte météorologique, c'est agréable de s'entraîner dehors, surtout après tout ce temps passé dans la chaleur moite et étouffante des dojos. Tout de suite, j'ai un aperçu des méthodes d'entraînement draconiennes de Taira. Jean et moi le surprenons occupé à frapper méthodiquement un palmier ! On me dit que c'est une de ses techniques d'endurcissement préférées. Bon... Suis-je la seule à trouver cette façon de faire quelque peu excessive ?

Je ne m'attendais pas à ce que la leçon consiste à taper sur des arbres. C'est pourtant le cas. Taira me montre comment donner une puissance explosive aux coups décochés à proximité de l'adversaire. Comme il ne veut pas que je m'esquinte les mains à bûcher à répétition dans un tronc d'arbre, il me suggère, démonstration à l'appui, de frapper avec l'épaule. Ses coups sont si puissants que l'arbre entier tremble ! Quand vient mon tour, l'arbre ne bouge pas d'un poil. Toute une humiliation ! Taira me confie que lorsqu'il répète ses katas, un arbre lui tient lieu d'opposant. L'utilisation d'un adversaire ou d'une cible dans l'entraîne-ment aux katas est propre au *bunkai*. Maintenant que, suivant les conseils de Taira *sensei*, je combats avec un arbre, les différents mouvements de mon kata prennent tout leur sens. Je commence à en saisir la nature offensive et je m'imagine en train de livrer un combat mortel avec... un arbre. Eh oui ! mon imagination a ses limites.

Quelques séances d'entraînement plus tard, Taira *sensei* m'invite à pratiquer différents *bunkai* avec quelques intimes – qui sont tous au moins 7e dan. Bien sûr, un kata est composé de mouvements offensifs et défensifs, mais comme ce que l'on voit est une démonstration

solo, on a tendance à croire que c'est une chorégraphie inoffensive qui n'a rien à voir avec un vrai combat. C'est quand on pratique les *bunkai* que l'efficacité du kata prend tout son sens. Ça permet de travailler à partir de quelque chose de tangible et, par conséquent, d'améliorer considérablement l'exécution du kata.

Le soir, après l'entraînement, nous nous rendons inévitablement dans un *isakaya* pour boire quelques verres. Quand son épouse – qui, soit dit en passant, est une danseuse de *buyo* – ne vient pas tempérer ses ardeurs, Taira nous donne des démonstrations de karaté particulièrement animées. Un certain soir, il nous

entraîne dans la rue pour montrer qu'il est capable d'arracher les yeux d'un adversaire avec ses orteils. Sans me laisser le temps de réagir, il pose son pied sur ma cuisse et replie les orteils de façon à l'agripper solidement. Il m'assure qu'il peut grimper sur moi en s'agrippant pour finalement m'arracher un œil s'il le désire. Il est fou, mais quelle folie ! N'empêche que, grâce à lui, je suis en voie de comprendre ce kata qui, avec un peu de chance, va me permettre de me rapprocher de l'essence du karaté d'Okinawa… Le *Do*.

[Le karaté de compétition va à l'encontre du karaté *do*]

Le *bunkai,* c'est l'application des attaques et contre-attaques d'un kata avec un partenaire réel.

sakiyama roshi LE PHILOSOPHE

Jean Frenette me parle de son maître zen depuis le jour où j'ai aperçu devant sa maison la stèle qui porte l'inscription suivante : *If your heart is not right, your art can't be right* (La droiture de ton âme dicte celle de ton art). Aujourd'hui, je vais enfin rencontrer l'homme en question. Sakiyama Sogin *roshi* – « maître » en japonais – vit à quelques pas du célèbre château Shuri, dans un centre zen où il passe le plus clair de son temps à méditer. Il se lève à 5 h pour faire ses exercices, puis il planifie sa journée, divisant son temps entre la méditation, des tâches quotidiennes et l'enseignement. Reconnu comme l'un des plus grands maîtres zen du Japon, Sakiyama Sogin est aussi expert en calligraphie.

Roshi est un bel homme au calme désarmant. Son regard pétille de curiosité et d'énergie sans trahir ses 85 ans. Il nous réserve à Jean et moi un accueil chaleureux, puis nous le suivons pour sa méditation matinale. Entourés de plusieurs autres élèves, nous restons assis sur nos genoux pendant une heure, parfaitement immobiles. Des moniteurs circulent dans nos rangs en maniant leur « bâton d'éveil ». Avant le début de la séance, Jean m'a dit que si je commençais à m'assoupir durant la méditation, je pouvais faire signe à un moniteur pour qu'il me donne un grand coup de bâton tonifiant. Le bâton symbolise l'épée de Manjusri, réputée pour nous éveiller en sabrant dans nos illusions. Même si le coup ne blesse pas, je préfère ne pas me faire frapper et continue donc de contempler l'infini sans l'aide du bâton.

Après la séance de *zazen*, conversation fabuleuse avec *roshi*. Il dit avoir étudié le karaté pendant 12 ans avant de s'orienter vers la pratique du zen. Selon lui, le zen et le karaté *do* sont semblables, en ce sens qu'ils mettent tous deux l'accent sur la relation avec autrui et la recherche de la paix intérieure.

Il ajoute que le zen est difficile à expliquer du fait que son but est de nous amener à comprendre des choses qui dépassent notre entendement. L'organe du zen, c'est le cœur. Le zen nous pousse à chercher ce que cache notre cœur pour que nous puissions découvrir qui nous sommes réellement. Le problème, de continuer *roshi*, c'est que dans nos sociétés actuelles, la plupart des gens sont assoiffés de pouvoir à tout prix. Or, tant que cette attitude subsistera, il sera impossible pour l'homme d'obtenir la paix qu'il recherche.

Je constate avec surprise qu'en dépit de la vie monastique qu'il mène, Sakiyama *roshi* s'intéresse beaucoup à l'actualité et s'inquiète grandement de l'état du monde moderne. Il est très ouvert d'esprit, très communicatif. Il critique vertement certains aspects de la culture japonaise, surtout en ce qui a trait à la codification excessivement rigide de l'éducation et de l'expression individuelle qui selon lui, annihile créativité, imagination et inventivité. *Roshi* se dit toujours heureux de discuter avec des étrangers parce que, contrairement à ses compatriotes, ils sont plus enclins à disserter et à philosopher.

La conversation continue, intéressante, même si nous sautons constamment du coq à l'âne. Depuis mon arrivée à Okinawa, c'est bien la première fois que l'on me tient de tels propos. Avant de nous quitter, *roshi* m'invite à revenir pour méditer et poursuivre notre discussion. Jean et moi prendrons l'habitude d'aller au centre zen le matin, avant notre entraînement. En fait, je m'efforcerai de rencontrer *roshi* aussi souvent que possible. Plus que quiconque, il a fait de mon séjour à Okinawa une expérience féconde. Juste avant que je quitte l'île, il me réservera une dernière surprise...

L'apport du zazen au karaté: posture, respiration, concentration.

ogido sensei LA DIVA

Ogido Hiroko *sensei* est une artiste à la quarantaine dynamique qui pratique et enseigne l'art du karaté *buyo,* une danse traditionnelle inspirée des katas. Avec sa démarche provocante, ses manières de séductrice et son éternelle cigarette, Ogido *sensei* a tout de la diva qui ne s'en laisse pas imposer.

J'ai rencontré Ogido *sensei* pour la première fois au Yotsudake, le restaurant où elle fait chaque soir son numéro, entourée d'une troupe de danseuses qu'elle a elle-même formées. Après le spectacle – que j'ai beaucoup apprécié –, je la rejoins dans sa loge pour l'informer du véritable motif de ma visite. Durant son spectacle, Ogido *sense*i fait une démonstration inspirée du *kobudo,* un style de combat armé okinawais très ancien. La chose m'intéresse, j'aimerais bien qu'Ogido m'initie à l'art du karaté *buyo* et du *kobudo.*

Quand j'arrive dans sa loge, Ogido *sensei* porte encore son maquillage de scène. Son visage peint et son imposante stature ont quelque chose de saisissant. Elle a un côté androgyne très apprécié de mes compagnons masculins.

D'emblée, nous nous entendons à merveille et elle accepte de m'intégrer à la prochaine classe de son groupe de danseuses.

Apparu au Japon après la Deuxième Guerre mondiale, le karaté *buyo* est une danse moderne qui emprunte plusieurs de ses mouvements à des styles d'arts martiaux traditionnels tels que le karaté et le *kobudo.* À l'instar du karaté, le *kobudo* est né de la nécessité de se défendre avec ce que l'on avait sous la main à l'époque où les armes blanches étaient interdites à Okinawa. Les techniques armées du *kobudo* sont une extension des techniques de combat à mains nues du karaté. D'une certaine façon, ces deux types d'arts martiaux peuvent être considérés comme une seule et même chose.

Dans la semaine qui suit, je m'entraîne au karaté *buyo* avec Ogido *sensei* et ses étudiantes dans la cour du château *Shuri jo* – privilège que nous devons à Kinjo *sensei.* Les danseuses avec lesquelles je danse n'ont jamais pratiqué d'arts martiaux. Aussi, bien qu'elles sachent manier les *nunchaku* avec une grande dextérité, elles mettent forcément en valeur l'esthétique du mouvement et non son aspect offensif. Quoi qu'il en soit, c'est un réel plaisir pour moi que de m'entraîner avec des filles ! Depuis mon arrivée, je suis dans un univers presque exclusivement masculin ; les compagnes des *sensei* ne sont pas plus présentes aux activités sociales qui suivent l'entraînement qu'à l'entraînement lui-même. Avec les filles de la troupe, je découvre une énergie différente, peut-être moins compétitive. N'empêche que ces danseuses font preuve d'un talent et d'une discipline remarquables. Elles aussi sont habitées par l'esprit du *do*.

Le karaté *buyo*, c'est l'apprentissage de nouveaux katas. Ces nouveaux mouvements développent davantage ma mémoire et mes capacités de visualisation. Le fait que des armes – le *jo*, le *bo*, les *nunchaku*, le bouclier – soient utilisées ajoute un degré de difficulté à l'affaire. Comme j'ai toujours adoré m'entraîner avec des armes, je prends grand plaisir à m'adonner à ce mélange de *kobudo* et de karaté.

Mon séjour tire à sa fin. Mes instructeurs me jugent prête à passer le test des tests : exécuter mon kata devant le chef suprême du karaté *goju ryu*, leur maître à tous, Iha *sensei*. Si l'entraînement avec Ogido *sensei* et sa troupe a été pour moi une détente appréciée, la pression revient instantanément.

iha sensei LE GRAND MAÎTRE

Juste avant de quitter Okinawa, je suis invitée chez Iha *sensei,* leader du karaté *goju ryu* et héritier direct de la tradition léguée par le fondateur, Miyagi *sensei.* Aujourd'hui âgé de 80 ans, il continue d'aller au dojo quotidiennement. C'est lui qui représente l'autorité auprès de tous les grands *sensei* avec qui je me suis entraînée depuis mon arrivée. Dire que j'aurai bientôt à exécuter mon kata sous le regard de cette sommité !

Son statut a de quoi en imposer, mais en personne, Iha *sensei* n'a rien de bien intimidant. Petit et trapu, grosses lunettes rondes, il affiche en permanence un sourire ravi. Bien qu'on ne puisse pas dire qu'il inspire la crainte, je suis quand même nerveuse à l'idée d'exécuter un kata devant ce grand maître. Et comme je sais que le perfectionnement d'un kata est l'affaire d'une vie, je suis loin de me croire à la hauteur. Il y a peu de temps que je m'entraîne sur l'île.

Chez lui, nous commençons par visiter sa magnifique serre d'orchidées, puis il me gratifie d'une petite initiation à l'*ikebana,* l'art de l'arrangement floral. Mais, entre les deux, c'est un captivant cours d'histoire que je reçois. Ses albums de photos témoignent de tout ce qu'il a perdu pendant la Deuxième Guerre. Conscrit par les Japonais, Iha *sensei* revient chez lui pour y découvrir son île totalement anéantie. Plus rien, plus de petits toits rouges, plus de végétation, rien... à part un récif de corail mort abritant les rescapés. Adieu père, adieu frère.

Le lendemain, j'accompagne Iha *sensei* au mémorial d'Okinawa. Il me confie que c'est la deuxième fois qu'il y vient depuis l'inauguration des lieux. Parmi les innombrables rangées de stèles, nous retrouvons finalement les noms de son père et de son frère. Je lui demande alors ce qu'il ressent. Sa réponse est émouvante : « Mon

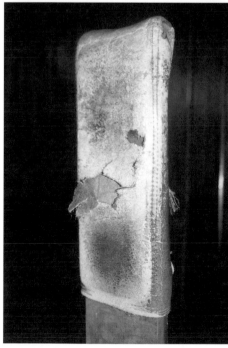

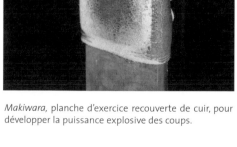

Makiwara, planche d'exercice recouverte de cuir, pour développer la puissance explosive des coups.

> Par esprit
> de réconciliation,
> les noms des
> soldats américains
> ont aussi été gravés
> dans la pierre
>
> *Iha Sha* sensei

parcouru depuis mon arrivée dans le berceau du karaté.

Iha *sensei* prend très au sérieux l'enseignement des katas. De son point de vue, c'est tout le passé et l'avenir du karaté qui sont contenus dans l'enseignement rigoureux des katas. Arrivée au point culminant de mon entraînement ici, je me concentre et livre mon kata en faisant de mon mieux. Je sais que ma prestation est loin d'être parfaite ; néanmoins Iha *sensei* m'accorde soutien et approbation. Il me signale trois améliorations à apporter, puis me félicite pour ma détermination et mon application. Il me dit qu'il apprécie l'effort que j'ai mis à m'améliorer pour m'engager sur la voie du karaté *do* et affirme que j'ai fait les choses selon les règles de l'art.

Ses mots me touchent profondément. Si Iha *sensei* n'était pas le maître le plus respecté de l'île, je le serrerais bien volontiers dans mes bras. Sachant le geste déplacé, je me contente de le saluer bien bas en le remerciant du fond du cœur. *Domo arigato gozaimas, sensei...*

chagrin n'est pas plus important que celui des autres qui ont perdu un être cher. » Il m'apprend que, par esprit de réconciliation, les noms des soldats américains et japonais qui sont morts pendant la bataille ont eux aussi été gravés dans la pierre.

Je n'ai passé que peu de temps avec Iha *sensei* et pourtant j'éprouve un grand respect pour lui. Son calme et sa profonde sérénité laissent des traces sur les gens qui l'entourent. Sa vie est à l'image de l'évolution du karaté ainsi que de l'histoire récente de son pays.

Jundokan. Au moment de présenter mon kata à Iha *sensei*, j'ai l'estomac noué. Pour Iha *sensei*, mon kata sera représentatif de ce que je suis comme personne et du chemin que j'ai

seienchin KATA

Sakura, sakura, fleur de cerisier, toi qui t'ouvres pour la seule beauté d'être
et ne produis pas de fruits.

Sakura, sakura, fleur de cerisier, toi qui meurs et tombes au sol,
ton message de beauté délivré.

Sakura, sakura, fleur de cerisier, emblème du samouraï,
symbole du désintéressement total, que cette vertu fleurisse en moi,
à l'image vibrante de ta force et de ta grâce.

Quelques heures avant mon départ de Naha, on m'annonce que quelqu'un de très important m'attend dans le lobby de l'hôtel. C'est *roshi,* le maître zen ! Les murmures excités des employés m'accompagnent tandis que je descends rencontrer mon illustre visiteur. Il est venu converser une dernière fois. Pendant plus d'une heure, nous échangeons sur les possibilités de rapprochement entre nos deux civilisations, la différence entre culture et civilisation, un ouvrage de Descartes qu'il est en train de lire et qu'il rejette avec conviction. Puis il m'offre un cadeau inattendu : un magnifique éventail sur lequel il a dessiné d'une main experte un idéogramme rond, le *kanji,* qui signifie « liberté ». « Les Japonais ne savent pas ce qu'est la liberté, de dire *roshi.* Ils confondent liberté et désobéissance. » Le maître me donne ce présent en souvenir de nos conversations. En le quittant, je ressens un étrange mélange de joie et de tristesse…

saVATE

la bourse OU LA VIE

Minuit, sur les quais de la Seine. Dans le faible halo des réverbères, un monsieur de la haute société en promenade nocturne. Surgissant d'une allée latérale, couteaux à la main, trois voyous s'approchent de l'imprudent promeneur. Face à ces gaillards costauds, le dandy en chapeau claque et portant canne ne fait pas le poids. En un éclair, le voilà épinglé au mur, menacé de trois côtés.

« Bourgeois ! La bourse ou la vie ! » s'écrie le premier voyou. À peine a-t-il proféré sa menace qu'un violent coup de canne l'atteint à la gorge. La trachée écrasée, il tombe à genoux, pâmé. Sans attendre, le monsieur pivote et, sa canne décrivant une courbe gracieuse, il frappe d'un coup sec la tempe du voyou derrière lui. Dans un même souffle, il se retourne, assène un puissant coup de pied latéral au plexus du dernier homme encore debout. En foulées rapides, il s'éloigne en direction d'une rue mieux éclairée, non sans s'être retourné pour lancer aux truands déconfits : « Voyez-vous, Messieurs, un coup de pied bien placé et la finesse d'une canne valent bien mieux que vos trois lames. »

le maître D'ARME

Un bout d'arbre à la main, au début comme on cueille

Un brin qui nous distingue, un seigneur apparaît.

Tenant l'infortune d'une arme que les feuilles

Ont quittée depuis peu, le maître contenait

Dans l'humble parade l'arrogant qui le taille.

Mais l'homme de sagesse aux gestes rappelant

L'épopée meurtrière et l'ordre des batailles,

D'un riche déshonneur ne releva le gant.

Il saisit par le bras le jeune belliqueux

Pour lui donner leçon dans sa belle indulgence

Sur l'art de ce combat et sa grande influence

Qui n'est point que d'avoir la flamme dans les yeux

Mais de faire l'essai de ce que l'on redoute,

De prendre force en nous du chaos et du doute.

Bertrand Dubreuil

> [Le mot « savate » me ramène tout droit aux héros de mon enfance : Tintin, le comte de Monte Cristo et Arsène Lupin, gentleman cambrioleur]

mon arrivée AU PAYS

Me revoilà à Paris, poursuivant avec cette ville une aventure commencée il y a plus de 30 ans. Encore vivace, un souvenir de mon premier séjour, au début des années 1970, émerge de ma mémoire : l'incroyable spectacle d'une horde de voyageurs qui enjambent ou contournent un homme étendu, inconscient – probablement un clochard – sur un quai du métro. Je n'avais jamais vu de clochard auparavant et je n'étais pas préparée à cette froide indifférence des passants.

Je suis revenue à plusieurs reprises, au fil des ans, que ce soit par affaires, pour le plaisir ou pour m'adonner aux arts martiaux. Toutes les excuses sont bonnes pour me ramener à Paris et, cette fois, la raison qui me fait descendre de l'avion dans la chaleur enveloppante du printemps précoce est sûrement la meilleure de toutes : retracer les origines de la savate, un art martial méconnu.

C'est à Paris que j'ai effectué mon premier stage international de karaté : c'était il y a 30 ans !

Ce sont ensuite des stages d'aïkido qui m'ont servi de beau prétexte. Je dois admettre que jamais, au cours de mes séjours précédents, je n'avais été en contact avec l'univers de cet art martial typiquement français.

Née il y a 200 ans dans les faubourgs mal famés de Paris, puis adoptée par la grande bourgeoisie française, la savate est devenue depuis lors un sport de compétition qui se dispute dans le ring, une petite-cousine du *kickboxing* américain. Des arts connexes s'y greffent, tels que la canne de combat et la savate-défense, un redoutable système d'autodéfense élaboré pour la rue.

Notre imaginaire d'Occidentaux, gavé d'innombrables références cinématographiques, associe invariablement les arts martiaux à l'Asie ; c'est sans doute pourquoi, même ici, en France, la savate est peu connue, le judo et le karaté demeurant les arts martiaux les plus populaires.

En ce qui me concerne, le mot « savate » me ramène tout droit aux héros de mes lectures d'enfant : Tintin, le comte de Monte Cristo et Arsène Lupin, le gentleman cambrioleur. Je me souviens aussi des matchs télévisés du lutteur professionnel bien connu au Québec, Édouard Carpentier, et de ses coups de pieds sautés de savate.

Paris m'apparaît toujours aussi beau tandis que je déambule le long de ses grands boulevards, ces artères grandioses conçues par Haussmann. Mais Paris n'a pas toujours eu ce visage.

La savate est née dans la violence des impasses et des coupe-gorge de Paris

Au moment de la construction de ces vastes avenues, au milieu du XIXe siècle, Paris était une ville sale, surpeuplée et dangereuse. Les boulevards aujourd'hui parsemés de boutiques de luxe et envahis par les touristes ont été construits dans un but bien précis : embellir et décongestionner la ville, maintenir l'ordre et exercer un contrôle serré sur les manifestants qui obstruaient si souvent les petites rues tortueuses du vieux Paris. La savate est née dans la violence omniprésente de ces impasses et coupe-gorge. Et c'est là, dans ces mêmes rues mal famées que, deux siècles plus tard, je viens lever le voile sur la pratique de cet art martial proprement français, sur son histoire et sur le contexte culturel dans lequel il a évolué.

une touche DE CLASSE

D'une certaine manière, c'est la coutume des duels qui a modelé la savate. En France, les duels à l'épée ont longtemps été l'apanage de l'aristocratie. Les nobles avaient l'habitude d'y recourir pour trancher leurs disputes. Après 1789, la Révolution française démocratise cette façon de régler ses différends. Les hommes du peuple, qui eux s'affrontent à coups de pied et à coups de poing, s'inspirent du code d'honneur de l'escrime pour réparer une offense. Le code informel qui en résulte met fin aux piques aux yeux et aux morsures. C'est de ce contexte rude et violent, quoique légèrement ennobli par certaines règles, qu'émerge la savate.

Les premiers adeptes se donnent le nom de « tireurs », un terme emprunté au vocabulaire de l'escrime. Plusieurs des techniques qu'emploient ces tireurs proviennent elles aussi du monde de l'escrime : la posture, le jeu de jambes, la distance par rapport à l'adversaire, etc.

Les batailleurs de rue qui pratiquent la savate acquièrent vite une redoutable réputation. Plusieurs romanciers de l'époque, dont Alexandre Dumas, décrivent avec verve les exploits et les pouvoirs mystérieux des tireurs de savate.

Après la Révolution, cet art martial devient de plus en plus populaire. À Paris, la savate est bientôt le moyen d'autodéfense de prédilection des petits et grands bourgeois qui se tournent vers cet art pour garantir eux-mêmes leur sécurité pendant leurs virées nocturnes dans les quartiers chauds.

En 1830, le maître de savate Charles Lecour subit une cuisante défaite contre le célèbre boxeur anglais Owen Swift. Lecour en déduit que la frappe à poings fermés l'avantage sur la frappe à mains ouvertes. Cette constatation le pousse à étudier la boxe anglaise. Une fois qu'il a bien assimilé ces techniques de combat au poing, il les ajoute à celles des pieds. Lecour nomme cette variante « boxe française ».

Alexandre Dumas (père), pratiquant assidu et élève de Charles Lecour, écrit ceci dans Filles, lorettes et courtisanes : « Charles Lecour commença par enseigner la savate[...] Il rêvait donc jour et nuit de perfectionner cet art[...] Il entendit parler de boxe[...] La boxe est la savate de l'Anglais[...] Dans la savate, le Parisien avait fait de la jambe et du pied les agents principaux, ne considérant les mains que comme arme défensive. Charles Lecour rêva de cette grande entreprise, cette splendide utopie, ce suprême perfectionnement de fondre ensemble la boxe et la savate. »

「Après la Révolution française, le code d'honneur de l'escrime imprègne peu à peu les combats de rue. Finies morsures et piques aux yeux 」

Dans les années 1840, les écoles de savate prolifèrent. La savate toute en élégance perd du terrain à la faveur de techniques essentiellement efficaces. Les similarités avec l'escrime deviennent de plus en plus évidentes : on prône la rapidité et l'adresse ; la jambe « armée » détend le pied avec la précision d'un coup d'épée.

Fondée en 1887 par Joseph Charlemont, l'Académie de boxe française annonce l'âge d'or de la savate. C'est à cette époque que Charlemont écrit le premier guide de savate, un ouvrage illustré de nombreuses gravures explicatives. C'est lui aussi qui, le premier, organise des soirées de combat dans le ring destinées au grand public. Ces combats fréquents connaissent un succès retentissant et se révèlent très lucratifs pour l'organisateur visionnaire.

Au XVIIIᵉ siècle, alors que la popularité de la savate bat son plein, la pratique du duel est officiellement interdite. N'ayant plus le droit de porter l'épée, les nobles se consolent en adoptant la canne. Et Honoré de Balzac d'affirmer que : « L'esprit d'un homme se devine à son port de canne. »

Mais la canne dépasse vite sa vocation d'accessoire vestimentaire à la mode pour remplacer l'épée en tant qu'arme de défense. Déjà, au temps de Lecour et Charlemont, la canne de combat et la savate sont des disciplines connexes que l'on enseigne simultanément. En 1899, Joseph Charlemont publie un second ouvrage intitulé *L'art de la boxe française et de la canne*.

La savate continue de gagner en popularité jusqu'au début de la Première Guerre mondiale. Au cours des deux Grandes Guerres, la France voit sa population mâle décimée et bon nombre d'amateurs de savate trouvent la mort sur le champ de bataille. Après la Deuxième Guerre mondiale, une poignée d'adeptes dévoués, dont le comte Pierre de Baruzy, s'efforcent d'assurer la survie de cet art martial qui, sans eux, aurait probablement disparu.

Leur travail porte fruit puisque, dès les années 1960, la savate est reconnue comme sport de compétition à part entière. Les K.-O. sont dès lors permis.

La mise à distance et la posture droite, de profil, permettent de porter des coups semblables aux touches de l'épée.

yonnel kurtz LE THÉORICIEN

J'ai fait sa connaissance par Internet. En naviguant à la recherche d'informations sur la savate, je reçois un message étoffé en réponse à l'une de mes nombreuses bouteilles lancées dans le cyberespace : un courriel de Yonnel Kurtz, président de la Fédération Savate Boxe Française. La passion de Yonnel pour l'art martial de son pays y est manifeste. Pendant les huit mois de recherche et de préparation qui précèdent mon départ du Canada pour la France, il me transmet des tonnes de renseignements utiles. La culture française est très vivante au Québec ; or, étonnamment, la savate y est presque inexistante !

Dès mon arrivée à Paris, je constate que Yonnel, homme méthodique à l'extrême, a organisé mon emploi du temps jusque dans les moindres détails.

D'un abord discret et réservé, il s'enflamme dès qu'il parle de la savate, de la canne et des arts de combat. Cet esprit cartésien qui adore élaborer et décortiquer des théories sur les techniques de combat n'est pas, comme il dit, un pur produit de la savate. Il pratique un certain nombre d'arts martiaux puis, un jour, il entend parler de la savate et s'y inscrit en espérant améliorer son *jiu-jitsu*... Et la passion de la savate l'emporte !

Yonnel a tout prévu pour que mon apprentissage soit le meilleur possible : qui je dois voir, qui je dois interroger, qui doit m'entraîner. Pour démarrer, il se propose de m'enseigner lui-même les rudiments de cet art martial. Peu après mon arrivée, je me retrouve donc au Club Masseran Métro Duroc pour ma première leçon de savate.

Je me rends rapidement compte que Yonnel privilégie l'approche ludique. Il me jumelle à un adversaire, puis trace un cercle par terre entre nous deux. Nous nous trouvons à distance de bras. Dès que je pose un pied à l'intérieur du cercle, mon adversaire est autorisé à porter un coup – coup de pied ou coup de poing, selon le jeu. Cet exercice améliore le jeu de jambes et la vitesse de déplacement, mais il sert avant tout à éliminer la peur de recevoir des coups. Et Dieu sait que l'on en reçoit !

Ce genre d'entraînement prépare à « l'assaut », une forme de rencontre qui mise sur la stratégie, la finesse et la précision des touches contrôlées, contrairement au « combat », où la puissance et la mise K.-O. sont autorisées. Les élèves de Yonnel s'entraînent avec sérieux, mais rares sont ceux qui ont des aspirations professionnelles. Yonnel nous enseigne la vigilance et la précision des coups permis : à la tête, au tronc, aux cuisses et aux jambes. Les coups de pied eux-mêmes diffèrent de ceux qui me sont familiers ; en temps normal, toucher avec le tibia n'a aucune conséquence mais, en savate, seul le contact du pied est permis.

J'ai du mal à garder entre mon adversaire et moi une distance plus grande que celle à laquelle je suis habituée. D'ailleurs, Yonnel me le fera observer un certain nombre de fois : « Josette, tu n'es plus à distance de boxe française maintenant, tu es à distance de karaté. »

Les deux premières semaines, mon entraînement alterne entre les cours à Masseran et les leçons privées. Compte tenu de son insatiable passion pour la stratégie et la technique, Yonnel multiplie les instructions tactiques : « Ne bloque pas ! Accepte les coups ! » Il ne me reste plus maintenant qu'à mettre ces stratégies en pratique.

L'étape suivante du programme soigneusement planifié par Yonnel est une visite à la boutique Sport 7 de Mme Vasseur, la couturière des tireurs de France, où je dois me procurer une

tenue de savate « haute couture ». Après tout, ne sommes-nous pas à Paris ? Cette boutique se spécialise dans la confection de combinaisons moulantes sur mesure. On y trouve aussi des gants de boxe et des chaussures souples, une sorte de bottillons que l'on porte dans le ring et en entraînement. Mme Vasseur est comme une mère pour bon nombre de champions de savate. Elle est de tous les grands événements de savate et remet souvent les trophées aux gagnants lors des tournois.

Alors qu'il m'accompagne pour faire mes emplettes, Yonnel fait preuve d'une galanterie toute parisienne : il s'agenouille pour lacer mes bottillons, puis m'invite à faire l'essai de mes nouveaux gants en donnant quelques *jabs* énergiques au « PAO », la patte d'ours — une sorte de coussin qu'il tient à ma hauteur. Je sors de chez Mme Vasseur avec un équipement dernier cri. Une bonne chose de faite. Me voilà prête pour un entraînement intensif.

Le vêtement, expression de la personnalité du tireur

Chez Mme Vasseur, pour une tenue de savate « haute couture ».

⌈ L'élégante savate évolue vers la rapidité, l'adresse et l'efficacité ⌋

gilles le duigou L'INTUITIF

Quand j'annonce à Yonnel que je désire me soumettre à un entraînement plus intensif, il me tapote amicalement le dos en disant : « Ne t'inquiète pas, ça viendra bien assez vite. » Je lui demande ce qu'il veut dire par là, mais il se contente de rigoler et de répliquer que je le saurai bientôt.

Entre-temps, il me suggère de rencontrer Gilles Le Duigou, ancien champion du monde et entraîneur réputé. J'ai lu des tas d'articles à son sujet dans le magazine *La BF* et je me réjouis à la perspective de cette rencontre. Yonnel a eu la brillante idée de lui donner rendez-vous au stade Pierre-de-Coubertin – LE stade de Paris – à l'occasion des Finales du Championnat de France – Élite.

Je fais donc la connaissance de Le Duigou le soir des finales. Le redoutable ex-boxeur est à peine plus costaud que moi ! Même s'il ressemble ni plus ni moins à un bon père de famille, j'en sais suffisamment sur son compte pour ne pas être dupe : quand cet homme a remporté le Gala international France – Japon en 1986, à Paris, il avait les deux bras cassés ! Une victoire

par K.-O. à la quatrième reprise ! Ça, c'est ce que j'appelle de la détermination.

Gilles est l'un des directeurs de la Fédération, si bien que nous sommes assis au parterre, au premier rang. Pour commencer la soirée : spectacle avec jeu de lumières laser et *card girls* rétro se trémoussant comme en discothèque. Je lance un regard à Yonnel, l'air de dire « On en a fait, du chemin, depuis l'époque des tireurs aristocrates ! » Il hausse les épaules en guise de réponse. Selon lui et Gilles, la Fédération est poussée dans ses derniers retranchements ; si elle veut attirer les foules, elle n'a pas le choix de présenter ce genre de spectacle. Bon !

Les épreuves du Championnat national sont de type combat. La finesse et l'élégance n'y sont

pas indispensables. La rapidité d'exécution est ce qui compte, avec la puissance des coups et la recherche de la mise hors combat. Ces confrontations sont brèves, brutales et mettent surtout en présence des Noirs et des Arabes. Le Duigou me dit que, par les temps qui courent, les meilleurs boxeurs sont issus des quartiers chauds, les fameuses cités de banlieue telles que Bobigny, où les jeunes durs voient dans les arts martiaux une façon de sortir avec honneur du ghetto.

Cela dit, les Championnats nationaux sont strictement amateurs, les gagnants n'y recevant aucun prix en argent, comme c'est le cas de tous les combats de savate. C'est la raison pour laquelle bon nombre de boxeurs d'élite optent pour des disciplines de combat plus lucratives, notamment le *muay thaï*, le *kick-boxing* ou même la boxe anglaise.

Après les combats, Yonnel, Gilles et moi allons poursuivre notre conversation dans un bistro du quartier. Tout va bien jusqu'à ce que Yonnel me lance un défi. Selon lui, si je veux vraiment me surpasser, je devrai compléter mon entraînement parisien par un « assaut » contre une tireuse d'élite. Il ajoute qu'il sait exactement à quelle championne je devrais me mesurer. Et voilà que Gilles Le Duigou l'approuve avec enthousiasme !

Je sais gré à Yonnel de si bien s'occuper de mon programme d'entraînement, mais ce projet va au-delà de ce que j'escomptais. À vrai dire, il

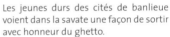

Les jeunes durs des cités de banlieue voient dans la savate une façon de sortir avec honneur du ghetto.

m'inquiète. J'ai une certaine expérience de combats… mais pas de la savate. Comment pourrais-je, en si peu de temps, en maîtriser suffisamment les techniques pour envisager de monter dans le ring ?

Ils m'ont convaincue avec un argument de taille : pour faire à fond l'expérience de la savate, rien de tel qu'un assaut. Je me sens prise au piège. Lorsque, nerveuse, je donne mon consentement, Gilles et Yonnel ont un sourire amusé. Ils savent qu'à compter de ce moment, je serai forcée de prendre les bouchées doubles.

Maintenant que je fais partie du cercle, Le Duigou, qui s'occupe surtout de jeunes boxeurs ambitieux et prometteurs, m'offre ses services à titre d'entraîneur. Je suis prête. Dès le lendemain,

le métro me conduit jusqu'à Maisons-Alfort, au Club Centre 16.

Yonnel m'a raconté la fantastique carrière de Le Duigou. Surnommé « Monsieur Champagne » à l'époque où il participait à des compétitions et paradait, un verre de champagne à la main, lorsqu'il remportait la victoire, Le Duigou est à la fois un dur à cuire et un tendre. Ce psychologue qualifié qui vient en aide aux jeunes défavorisés fait aussi appel à une psychologie rigoureuse dans le ring. Il fouille votre regard sans arrêt et affirme deviner parfaitement vos pensées. S'il dit vrai, ce don lui est sûrement fort utile dans le ring.

En outre, il est presque aussi hyperactif que je le suis moi-même !

« La savate est un sport de menteur. Il faut savoir décoder l'adversaire tout en transmettant de fausses informations »

Gilles Le Duigou

La méthode de Le Duigou est très différente de celle de Yonnel. Gilles juge la technique importante mais estime que l'instinct compte avant tout. Pour exceller dans la prise d'informations, dans l'art de décoder rapidement QUI est mon adversaire (petit, fort ; peureux, déterminé ; en maîtrise de son art), QUE peut-il faire ou pas, DE QUOI il est capable ou pas (puissant, rapide, gaucher ; fort en jambes ou en poings) et ce que je peux faire ou ne pas faire face à l'autre. Selon lui, il existe trois catégories de boxeurs : les attaquants tels que Mike Tyson, qui foncent tête baissée ; les contre-attaquants, ceux qui gardent leurs distances et attendent que vous les attaquiez ; et les attentistes, à mi-chemin entre ces deux types, qui provoquent l'attaque de l'adversaire afin de riposter rapidement. Gilles se classe dans cette dernière catégorie.

« La savate est un sport de menteur », dit-il en classe. Très vite, je comprends qu'il veut dire l'art de désorganiser l'adversaire. La savate, nous apprend-il, suppose un échange continu d'informations entre les boxeurs. Le but consiste à lire les intentions réelles de l'adversaire tout en lui transmettant de fausses informations. Pour cela, il faut savoir mentir, selon Gilles. Regardez les jambes de votre adversaire, mais décochez-lui un coup de pied à la tête. Il faut savoir « lire » son partenaire : ses yeux vous révéleront ses intentions.

Voilà ce qui ressort de mes séances d'entraînement avec Le Duigou. Le travail de préparation physique est très intense : enchaînements de coups de pied et de coups de poing jusqu'à la limite de l'endurance. J'ai même réussi à perdre une lentille cornéenne aspirée par un *jab* ! Et que dire des séquences d'endurance préparatoires à mon assaut prochain, ces longs rounds d'une minute et demie entrecoupés de pauses d'une minute à peine ? Quoi qu'il en soit, j'apprends surtout à mentir.

roger lafond LE MAÎTRE

L'homme de 89 ans me sidère. Le voilà par terre qui exécute une série de redressements rapides du tronc aussitôt suivis de *jabs*, de directs et de crochets. « Huit cents par jour », annonce-t-il fièrement avant de sauter sur ses pieds et de me frapper à l'estomac. « Touché ! » s'écrie-t-il, ravi. Maître Lafond doit me donner aujourd'hui ma première leçon de canne, un art martial qui ressemble à l'escrime. En changeant de chemise, il me fait un clin d'œil et dit : « Vous en avez vu beaucoup, des hommes de mon âge, qui ont un corps comme le mien ? » Plutôt petit, sûr de lui et enjoué, le vieux maître

déborde d'énergie. J'espère seulement avoir la force de lui emboîter le pas ! Yonnel, lui-même professeur de canne, affirme que, pour bien comprendre la savate, une bonne connaissance de la canne est un atout. Fidèle à sa nature, il me confie au meilleur des maîtres. Mon assaut, dont la date approche à grands pas, m'habite, mais Yonnel m'assure que la canne affinera mes réflexes.

Yonnel me conduit à la résidence de l'incontournable maître Lafond pour ma première rencontre avec lui. Le vieux professeur me montre les diplômes, les coupures de journaux et les innombrables photos qui attestent de son inaltérable attachement à l'art de la canne. Né à Paris en 1913, Roger Lafond a commencé son apprentissage de la savate dès l'âge de sept ans dans les cafés de Perreux-sur-Marne avec son père, Eugène, champion du monde en 1909.

Roger Lafond commençait à peine à acquérir une réputation de maître d'escrime et de professeur d'arts martiaux quand la guerre a éclaté en 1939. Il est fait prisonnier à Verdun. Au camp, il met bientôt sur pied des classes informelles d'escrime. Tout se passe bien jusqu'à ce qu'il refuse de dispenser son enseignement aux Allemands, qui lui interdisent aussitôt d'enseigner. La guerre finie, il rentre chez lui après avoir passé cinq années en détention dans différents camps de prisonniers. Il entreprend alors une carrière de professeur de canne qui,

40 ans plus tard, est toujours aussi heureuse. Dans les milieux incestueux des arts martiaux français, la présence de Roger Lafond, cet homme aux opinions bien arrêtées qui n'a pas la langue dans sa poche, suscite souvent la controverse, en particulier lorsqu'il se fait le défenseur acharné d'un style moderne et simplifié de canne. Mais même ses détracteurs reconnaissent en lui un maître incontesté qui a beaucoup contribué à la survie de cet art martial.

Maître Lafond est l'homme derrière John Steed, la vedette masculine de la célèbre série culte *Chapeau melon et bottes de cuir*. C'est probablement à cause de ces images que la majorité des Français pense que cet art est... anglais ! À la fin de notre première rencontre, il me dit avec fierté : « Je donne encore régulièrement des cours, vous savez ! » Quelle vigueur ! Quel personnage ! Comme le dit Yonnel : « S'il y a un homme en France qui mérite le titre de maître, c'est bien maître Lafond. »

Ma leçon aura lieu place des Vosges, dans le Marais. Cette place, l'une des plus belles de Paris, qui était autrefois le lieu de ralliement de l'aristocratie française, est aussi le tout premier square résidentiel, ordonné et symétrique, de la ville. C'est là, dans les jardins de ce carré d'hôtels particuliers à la façade de brique parée d'arcades magnifiques, que je reçois mon premier cours de canne. Des flâneurs s'arrêtent pour écouter les instructions que je reçois et observer les enchaînements rapides que le maître m'impose et qui ne me laissent aucun répit. Mouvement avant, mouvement arrière... Allez ! En avant, en arrière ! En avant, en arrière ! Les coups d'estoc et les parades me viennent facilement. « Elle pige vite, fait-il à mon sujet. Cinq minutes, et voilà ! » Mais quand je regarde le vieux maître plus rapide que l'éclair, je sais que j'ai encore bien du chemin à faire.

Cette expérience me transporte. Le décor ancien, la sensation que me procure cette arme élégante – un accessoire jadis prisé par la noblesse – son sifflement lorsqu'elle fend l'air, tout cela me rappelle les valeureux mousquetaires des romans de cape et d'épée de mon enfance. Monsieur ! En garde !

La journée finie, mon maître me réserve une agréable petite surprise : bras dessus, bras dessous, nous marchons jusqu'à une petite table installée dans un coin du parc et là, tandis que le soleil couchant vient embraser la place des Vosges, nous buvons tranquillement... un verre de champagne. « À la canne ! » et « Vive la France ! ».

bertrand dubreuil L'ÉLÉGANCE

Je me serais VRAIMENT passée de ce moment! Debout, bien droite, une cannette sur la tête, je me dis que si je n'avais pas opté pour les arts martiaux à Québec voilà plusieurs années maintenant, je n'en serais pas là... mais il est trop tard pour changer quoi que ce soit.

Bertrand Dubreuil s'avance déjà vers moi, traçant avec sa canne un arc arrière, les yeux rivés sur la cannette. J'aperçois l'expression concentrée et curieuse des élèves qui nous entourent quand subitement la canne fend l'air et vole vers moi en émettant un sifflement sinistre. Mon Dieu, faites qu'il soit aussi bon qu'on le dit...

Encore une fois, Yonnel a fait en sorte que je puisse rencontrer un autre incontournable – la star de la canne. En fait, il a même réussi à me faire inscrire aux *master class* de Bertrand Dubreuil. D'habitude, seuls les professeurs de canne tels que Yonnel y sont admis, mais Bertrand m'a aimablement accueillie.

Yonnel – comme à peu près tout le monde – n'a pas eu besoin d'insister pour me convaincre de m'entraîner avec le champion. Ses prouesses sont connues de tous les adeptes français des arts martiaux. Quand il était encore très jeune, Dubreuil a étudié la danse, le judo et la savate avant de découvrir sa véritable vocation: la canne. Selon lui, la canne marie la grâce de la danse à la force des arts martiaux. Huit ans après son initiation à cette forme de combat, il remportait son premier Championnat de France. Depuis, il a été huit fois champion national. Instructeur d'arts martiaux réputé, Bertrand enseigne «la poésie de la canne» à une nouvelle génération d'adeptes. Il n'est pas étonnant que cet homme aux allures d'aristocrate soit lui-même poète à ses heures. Du reste, il m'a offert en cadeau un sonnet dont il est l'auteur.

C'est par un matin frisquet au bois de Vincennes qu'a lieu la *master class* de Bertrand Dubreuil. Une épaisse combinaison matelassée nous

protège des cinglants coups de canne et un masque grillagé d'escrimeur nuit à notre vision. En dépit de la combinaison, la canne pince et meurtrit la peau. Bientôt, tout mon corps est endolori. Quant au masque, le grillage fait qu'il est extrêmement difficile de deviner les intentions de l'adversaire, surtout lorsque sa canne saute rapidement d'une main à l'autre, stratégie typique destinée à tromper. Les positions du corps sont sensiblement les mêmes que pour la savate. En fait, me dit Bertrand, ces deux arts se ressemblent beaucoup, sauf pour les bonds spectaculaires qui caractérisent ses échappées et ses attaques.

Bertrand manie la canne de façon spectaculaire : il marie l'élégance d'un danseur du Bolshoï à une force et à une détermination guerrières. J'ai beau avoir du mal à me mesurer au reste de la classe, cet art m'enchante. Si je vivais en France, je m'entraînerais à la canne. Mais à l'instant même où mon enthousiasme atteint son paroxysme, la leçon prend fin. Les élèves de Bertrand lui enjoignent aussitôt de faire son petit numéro à la Guillaume Tell avec moi pour assistante !

Debout, une cannette sur la tête, j'ai un peu de difficulté à conserver ma dignité. Mais Bertrand est un as. La canne atteint sa cible de plein fouet et l'envoie voler à près de 50 m. C'est à peine si j'ai le temps de sursauter.

Je me rassure en me disant que Bertrand a dû exécuter ce numéro des centaines de fois. Quand je lui fais part de cette réflexion, il rigole en hochant la tête : « Ce n'est que ma deuxième tentative », dit-il. En m'embrassant sur le front. Moi, j'ai encore les genoux qui tremblent...

(L'accessoire de mode devenu arme)

robert paturel L'ART DE SURVIVRE

Parapluie à la rescousse. Au moment où je m'apprête à ouvrir la portière de ma voiture, trois hommes surgissent derrière moi. En moins de deux, j'enfonce de toutes mes forces la pointe de mon parapluie au plexus du premier. L'autre laisse tomber son couteau quand je le frappe violemment à l'avant-bras et, pour finir, j'assomme le troisième avec un solide coup de pied à la tête avec la pointe de ma botte. S'il ne s'agissait pas d'une attaque planifiée, je me prendrais pour Bruce Lee ! À quelques mètres de nous, Robert Paturel observe la scène d'un œil critique. Ses élèves s'éloignent en soignant leurs meurtrissures – je ne plaisantais pas ! – tandis qu'il s'avance pour me faire part de ses commentaires.

Savate-défense : la savate dans la rue, la savate pratique. Robert Paturel, c'est Monsieur Savate-Défense. Tant Yonnel que Gilles Le Duigou connaissent Paturel, et tous deux me l'ont hautement recommandé. On est loin, ici, de l'élégance de la canne.

En route vers la banlieue parisienne de Palazzo pour notre rendez-vous avec Paturel, Yonnel me fait un topo sur cet ancien champion du monde. Après une fructueuse carrière dans le ring – « Je n'ai jamais été mis hors combat », me dira-t-il avec fierté lors de notre rencontre –, Paturel est instructeur en chef des membres d'élite du Groupe d'intervention de la Gendarmerie Nationale, le RAID, un genre de SWAT Team français. Quelques-uns de ses collègues du RAID, dont le plus grand tireur d'élite français, vont s'entraîner avec nous aujourd'hui. Leur unité est en état d'alerte maximale en raison de la menace que fait planer le terrorisme au moment où les États-Unis s'apprêtent à envahir l'Irak. On voit bien que ces hommes carburent à l'adrénaline.

Paturel, qui a pratiqué la savate pendant plus de 30 ans, tire maintenant parti de son expérience en formant les membres des unités spéciales à tout un ensemble de tactiques d'autodéfense dont le *tonfa*, le combat au bâton importé d'Okinawa.

Robert Paturel a l'air d'un flic américain, une sorte de dur à cuire tranquille, peu bavard et pénétré d'un scrupuleux sens de la justice, comme on en voit à la télé. C'est du moins ce que je croyais... jusqu'à ce qu'il s'accroupisse et, les bras ballants, qu'il balaie le sol de ses jointures en grognant et en hurlant comme un gorille ! Mon total ébahissement provoque l'hilarité générale. Robert se passionne pour les gorilles, m'apprend-on, et il passe des heures au jardin zoologique à les observer et à étudier les schémas de comportement agressifs des primates. Quelle imitation ! Une fois ses grognements terminés, nous passons aux choses sérieuses. La leçon d'aujourd'hui n'est pas compliquée – la contre-attaque sur diverses attaques au couteau.

Premièrement, Paturel m'explique : « On a défini cinq axes d'attaque principaux : l'attaque qui vient du haut et l'attaque qui vient du bas ; celle qui vient en revers ; celle qui vient en circulaire ; et l'attaque qui vient en piqué. N'hésite pas à faire vrai ! Je veux voir des coups de pied bien sentis. Sers-toi de tes talons, frappe où tu peux. Et je veux le voir lâcher son couteau après que tu l'as frappé, ne te préoccupe pas de lui faire mal. »

Il me tend un parapluie – à utiliser comme si c'était le prolongement de mon bras. « Comme dans la savate, dit Robert, le boxeur fait corps avec le parapluie. C'est le prolongement des mains. Je suis un boxeur qui a toujours un parapluie. »

On pratique diverses manipulations et clés avec le parapluie que j'ajouterai à mes coups de pied pour tenter de désarmer mes assaillants lors des mises en situation. L'heure est venue de passer aux applications, en d'autres mots, de rendre l'agression la plus réaliste possible. Trois types armés s'élancent vers moi, et c'est parti !

Après chaque charge, Robert m'indique ce qui gagnerait à être amélioré et m'explique la théorie à la base de ce scénario en particulier. Il a constaté que la plupart des gens victimes d'une attaque au couteau sont incapables de s'en sortir indemnes. Seul l'entraînement rigoureux à la manière de Paturel peut en venir à bout, ce qui veut dire : accepter de recevoir des pluies de coups à pleine puissance sans protecteur, avec comme conséquences des ecchymoses en permanence ; laisser tomber toute attitude de superhéros, en d'autres termes, utiliser tout ce qui nous tombe sous la main – bouteille, brique ou parapluie – pour se défendre.

La devise de Paturel est qu'il faut tendre à demeurer parmi les rares survivants de ce genre d'attaques. Quand Paturel ne décoche pas de furieux coups de pied à ses partenaires, il n'est que douceur, sérénité et équilibre – des qualités précieuses pour exercer le métier qu'il fait.

Mis à part les applications pratiques qu'il m'a enseignées, sa gestion du stress est ma leçon du jour. J'espère surtout être en mesure de démontrer les mêmes qualités et la même force mentale que ce maître une fois dans le ring.

En savate-défense, on ne joue pas au héros ; l'objectif est simple : rester en vie.

⌈ Nous voici dans le saint des saints
auquel la majorité des adeptes de
la savate n'auront jamais accès ⌋

richard sylla LE RING

Mon pacte avec ce diable de Yonnel se concrétisera bientôt. Quand j'entrerai dans le ring pour mon « assaut », je saurai si les longues heures que j'ai passées à m'initier à la savate auront porté fruit. Mais auparavant, jugeant qu'un entraînement de dernière minute ne saurait me nuire, Yonnel me conduit à l'Institut national du sport et de l'éducation physique (INSEP), le centre pour les athlètes français de haut niveau.

L'énergie que dégagent les athlètes présents est dynamisante. Tout autour de moi, les meilleurs pugilistes de la savate sautent à la corde, livrent des matchs d'entraînement et mitraillent de coups furieux des sacs de sable. Nous voici dans le saint des saints auquel la grande majorité des adeptes de la savate n'auront jamais accès.

Yonnel me présente Richard Sylla, surnommé en France le « Mohammed Ali de la savate ». Ce mulâtre costaud dont le beau visage n'a gardé aucune trace de sa longue carrière de boxeur se démarque des autres professeurs que j'ai connus jusqu'à présent : il n'est pas bavard !

Sylla n'a pas la faconde de la plupart des Parisiens que j'ai rencontrés ; c'est un homme décidé et taciturne. Décidé, surtout. Tout un changement.

Dans le milieu de la savate, nul n'ignore l'histoire de Sylla. Depuis mon arrivée, son nom est sur toutes les lèvres. Né en France en 1959, Sylla a commencé à s'entraîner à la savate dès l'âge de 13 ans. En 1979, il remportait le premier de huit championnats nationaux et, en 1986, il était couronné champion d'Europe. Il est maintenant instructeur de l'équipe nationale de savate ici, à l'INSEP.

Paturel, Yonnel, Le Duigou – qui se connaissent tous – ont incité Sylla à travailler avec moi cette semaine, ce qu'il a accepté. Je leur en suis très reconnaissante, car c'est un réel honneur pour moi de bénéficier de l'enseignement d'un aussi grand artiste de la savate.

Pendant ma période d'échauffement, Yonnel attire mon attention sur une boxeuse en train de se livrer à un entraînement d'enfer dans un ring voisin. « C'est Nancy Joseph, dit-il, une championne nationale. » Je suis heureuse de voir enfin à l'œuvre une excellente boxeuse, mais il me suffit d'apercevoir le sourire de Yonnel pour perdre contenance. « Ton adversaire d'assaut, c'est elle », ajoute-t-il.

Je l'observe aussitôt plus attentivement : ma taille, musclée et souple ! Yonnel m'annonce que cette vigoureuse panthère a 15 ans de moins que moi. Je n'ose même pas imaginer sa force et sa rapidité, sûrement supérieures aux miennes. Son sourire est cependant très doux. Hors du ring, me dit-on, son amabilité lui vaut le surnom d'« Angie », l'ange. Mais à l'intérieur du ring, c'est une autre paire de manches. Quoi qu'il en soit, il est trop tard pour reculer.

Sylla se dirige vers moi. Bientôt, la leçon m'absorbe à un point tel que je n'ai plus le temps de penser à mon assaut imminent. Réputé pour sa grâce, sa force et son agilité, Sylla résume ainsi sa conception de la savate : la finesse.

Il me dit qu'il n'aime pas recevoir des coups. Moi non plus, d'ailleurs. Sa carrière a été marquée par l'intelligence : il n'a jamais courtisé inutilement le danger.

Il me fait faire des exercices intéressants. Par exemple, après m'avoir bandé les yeux, il me demande de le suivre « aveuglément », c'est le cas de le dire : je ne dois pas me détacher de ses mains, tandis qu'il avance, recule et bouge de côté – un exercice pour mettre au point son propre jeu de pieds. Au début, je suis maladroite et handicapée par le bandeau, mais peu à peu un rythme plus naturel s'instaure.

Sylla ne parle pas beaucoup durant nos séances d'entraînement, mais lorsqu'il s'exprime, ce n'est jamais pour rien. Chacun des propos d'un boxeur de sa trempe vaut son pesant d'or.

« Ton adversaire, c'est elle. »

le grand JOUR

Yonnel m'accompagne à l'INSEP le jour où je dois livrer mon assaut contre Nancy Joseph. Je m'entraîne depuis un mois à peine, et même si je sais bien que Nancy n'essaiera pas de me tuer, je suis anxieuse. À mon arrivée au gymnase, j'aperçois Nancy qui fait du *shadow boxing* autour du ring ; ses mouvements sont à la fois rapides, énergiques et décontractés. En fendant l'air, ses poings gantés émettent un sifflement vif et répété ; heureusement notre rencontre ne sera pas full-contact.

Sylla sera notre arbitre. Il énumère les règlements qui régissent les trois reprises de cet assaut. On marque des points lorsque, au moyen du poing ou du pied, on percute certaines parties du corps de l'adversaire : le tronc, le bas du dos, les cuisses, le tibia et la tête. Contrairement aux règles du *muay thaï*, les dangereux coups de coude ou de genou sont interdits, de même que les frappes au genou, à l'aine, au cou et à la poitrine (ce dernier cas s'appliquant aux femmes seulement).

Le moment est venu pour Sylla de donner le signal : « Allez, les filles ; faites-moi un bel assaut ! » Les gants se touchent. La cloche sonne. C'est parti !

Nancy fonce droit sur moi et j'ai du mal à garder mon équilibre. Je parviens cependant à ne pas baisser ma garde et à me protéger le visage mais j'encaisse plusieurs fois à l'estomac. Je me rends compte – un peu tard – que je ne me suis pas habituée à combattre avec un protège-dents. J'ai la sensation de respirer par un chalumeau.

J'ai l'impression de décocher quelques bons coups, mais je ne suis pas certaine que Nancy s'en aperçoit. Tout de même assez lucide, je tente une tactique à la Le Dui-gou, je décide d'acculer mon adversaire dans un coin du ring, et ça fonctionne... jusqu'à ce que je me rende compte qu'elle m'a laissée faire pour mieux contre-attaquer ! Vite, protégeons-nous !

J'ai douloureusement conscience de la durée d'une reprise : ces trois minutes dépourvues d'oxygène ont une allure d'éternité. J'évite du moins de recourir à des techniques de karaté ou d'aïkido et je parviens même à lancer de temps à autre une mini-attaque. Pendant la rencontre, Nancy me pousse à la limite de mes forces sans quasi jamais exagérer.

Voilà que le combat se termine. Je reste immobile un moment, soulagée, un peu abasourdie. Quand Nancy m'enlace amicalement, le sentiment d'avoir accompli quelque chose m'envahit.

Plus tard, elle m'avouera que, en dépit de ses longues années d'entraînement, une fois le combat commencé, elle a dû beaucoup se contrôler pour ne pas m'attaquer de toutes ses forces pour me mettre K.-O. !

Je n'oublierai pas de sitôt cette expérience. Yonnel, l'inconditionnel guide qui m'a accompagnée tout au long de cette aventure, sourit et m'applaudit. Même Sylla nous félicite : « Bel assaut ! »

En enjambant les cordes pour sortir du ring, je contemple ma future carrière en savate et me résous à partir dès maintenant... pendant que j'ai encore une chance.

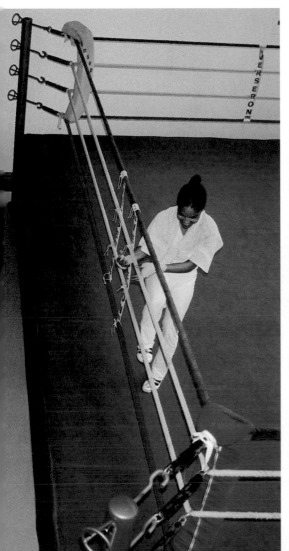

⌠Dans la boxe française,
le tireur en action est
l'image de l'Homme dans
la plénitude de ses moyens
physiques et intellectuels ⌡

Comte Pierre de Baruzy

À l'instar de la France, la savate, cet art martial de la grande bourgeoisie, a traversé plusieurs périodes tumultueuses avant de se démocratiser, de s'encanailler, diront certains... Durant mon séjour à Paris, d'authentiques grands maîtres de la savate m'ont fait découvrir cet art unique, encore peu connu à l'extérieur de la France : Yonnel, le tacticien ; l'indomptable Gilles Le Duigou ; maître Lafond, le *French* gentleman ; Bertrand Dubreuil, l'artiste ; Robert Paturel, le guerrier des temps modernes ; et Richard Sylla, le champion. Tous des maîtres qui s'emploient à propager les techniques et l'esprit *fair-play* deux fois centenaires de la savate. Mon expérience du ring avec Nancy a été de courte durée, mais fabuleuse en ce qu'elle m'a confirmé ma passion du dépassement physique et les limites de ma volonté. Le plaisir intellectuel de m'initier à un art méconnu avec ces maîtres, la montée d'adrénaline à m'épuiser durant l'entraînement et les sereins moments d'introspection dans Paris la magnifique, tout cela me manque déjà.

kalariPAYATTU

dans l'œil DU TIGRE

Le disciple est blessé. Du sang goutte de son flanc et se répand
sur la terre battue. Une odeur suffocante d'huile de noix de
coco flotte dans l'air dense et chaud. Des rangées d'hommes
en pagne blanc, alignés contre les murs étroits du kalari, observent le disciple qui tente désespérément de se relever. Ses
deux assaillants hésitent, couteaux en garde, tandis que le
vieux maître s'approche et place les mains sur le flanc du jeune
homme. Il presse pour étancher le sang et fait pénétrer une
résine brune dans la blessure. Le saignement s'arrête, le maître
se retire. Puis tout bouge à nouveau. La lame d'un couteau étin-
celle devant le disciple qui, d'un bond, l'évite de justesse. Le
corps ruisselant de sueur, l'homme blessé pivote, esquive pour
finalement atteindre, en coups acérés et précis, les points vitaux
ou *marma* de ses adversaires. L'entraînement terminé, les trois
combattants s'inclinent avec révérence jusqu'à toucher les pieds
de leur maître.

la doctrine DE L'ÉPÉE

« Je cultive le courage tranquille de mourir sans tuer. Mais qui n'a pas ce courage doit cultiver l'art de tuer et d'être tué plutôt que de fuir honteusement le danger. Car celui qui fuit commet une violence mentale : il fuit parce qu'il n'a pas le courage d'être tué en tuant [...]. Mais je sais que la non-violence est infiniment supérieure à la violence, que le pardon est plus viril que le châtiment.

« Le pardon est la parure du guerrier. »

Gandhi

mon arrivée AU PAYS

Mince ruban de terre de 580 km situé sur la côte sud-ouest de la péninsule indienne, l'État du Kerala est jalonné de villages de pêcheurs ainsi que d'un chapelet de charmants petits canaux et lagons. Un paradis tropical envahi de cocotiers! Coupé du reste de l'Inde par d'imposantes chaînes de montagnes, le Kerala a un style de vie distinct fortement ancré dans les traditions anciennes, et ce, depuis plus de 2000 ans.

À l'aéroport je suis accueillie par trois personnes qui me sont devenues chères et qui ont été mes fidèles compagnons de voyage: Prakash, mon chauffeur aux nerfs d'acier; Swapna, ma lumineuse interprète; et Murali, le calme, un cinéaste local que mes contacts canadiens m'ont recommandé et qui sera mon allié et mon guide tout au long du périple. Dès ma sortie de l'aéroport, la sensation dérangeante d'avoir des centaines d'yeux littéralement braqués sur moi prime sur toutes les autres. Un sort souvent réservé aux Occidentaux blonds. Pour l'instant, l'intérêt que je suscite me déconcerte vraiment. Mais une fois arrivée en

ville, les rues animées et colorées de Trivandrum me font vite oublier les regards insistants. L'Inde, assurément le Kerala, est l'un des rares endroits où les habitants n'ont pas succombé aux modes vestimentaires occidentales. Les rues de la capitale grouillent d'une foule dense vêtue de saris aux couleurs somptueuses ainsi que du traditionnel *dhoti* blanc et or.

Tandis que Prakash, notre chauffeur téméraire, se fraie un chemin dans la circulation chaotique de la capitale, nous parlons de l'objet de ma visite, c'est-à-dire mon désir d'expérimenter l'art martial que l'on tient pour le plus ancien du monde: le *kalaripayattu*.

Le *kalaripayattu* est à la fois un art martial et un art de guérison. Beaucoup d'experts croient qu'il serait à l'origine de la majorité des arts martiaux asiatiques, dont ceux que j'ai pratiqués. J'ai très hâte d'en savoir plus, et mes nouveaux compagnons sont tout disposés à satisfaire ma curiosité.

Murali, hindou, jeune quarantaine, est un *nayar,* une classe ancienne de guerriers indiens dont l'équivalent serait la classe des samouraïs japonais, ce qui fait de lui le guide parfait pour m'initier à l'univers du *kalaripayattu.* En homme travaillant et méticuleux, Murali recherche et planifie constamment, me donne de la documentation à lire et me fournit toutes sortes de renseignements pertinents.

Autant Murali est sérieux, soucieux des traditions, autant Swapna, mon amie et interprète, est enjouée, moderne. Cultivée, toujours prompte à faire valoir son opinion, cette jolie chrétienne de 27 ans nourrit une passion pour les chaussures, pour tout ce qui est rouge, français, et, inexplicablement, pour un acteur local vieillissant et grassouillet, Mohanial, une sorte de « Gérard Depardieu du Kerala ».

Je suis étonnée d'apprendre que le quart de la population du Kerala est chrétienne. C'est avec fierté que Swapna m'annonce qu'elle n'est pas catholique, mais syrienne orthodoxe, en ligne directe avec saint Thomas, le seul des 12 disciples de Jésus à être enterré au Kerala. Le Kerala se distingue du reste de l'Inde tant par sa culture que par sa diversité religieuse. Pendant que nous roulons, Murali attire mon attention sur les temples, églises et mosquées qui se succèdent le long des rues en un mélange bigarré. Ici, nombre de religions coexistent harmonieusement depuis plus de 2000 ans !

Swapna veut me loger pour m'éviter tout problème. Les jours suivants, je découvrirai de quoi sera fait mon train-train quotidien des deux prochains mois. Chaque matin, fidèle au poste, Prakash m'attendra près de la voiture, douché de frais et impeccable dans ses habits blancs. Sa mise irréprochable est d'autant plus étonnante qu'il a passé la nuit à dormir dans la voiture, ainsi que la coutume l'exige.

Mon interprète et amie Swapna m'initie aux subtilités de la culture du Kerala.

Murali, issu de la caste ancienne des guerriers *nayar,* se fait un plaisir de m'initier à l'univers du *kalaripayattu.*

Comme la plupart des Keralites, il commence sa journée en lisant le journal. Le Kerala a l'un des taux d'alphabétisation les plus élevés au pays. L'attitude générale de Prakash dénote ce fait. On sent chez lui une ardente fierté qui laisse entendre que, même en Inde, dans une société régie par les castes, il n'est l'inférieur de personne.

Tandis que nous traversons le vieux quartier colonial de Trivandrum, Murali me parle du *kalaripayattu*. J'apprends que les disciples de cet art sont généralement initiés dès l'âge de 7 ou 8 ans. Aux dires de Murali, les séances d'entraînement ont lieu très tôt le matin, ce qui n'a pas l'heur de m'enchanter. Murali affirme qu'il m'a trouvé le *kalari,* ou lieu d'entraînement, idéal. Mon apprentissage commencera ici même, à Trivandrum. Il suggère que nous traversions ensuite le Kerala de bout en bout, partant du sud pour longer la côte jusqu'au nord – toujours plus au nord. De cette façon, nous pourrons nous arrêter dans différentes villes et villages et visiter des *kalari* triés sur le volet. Cela me donnera l'occasion de rencontrer certains des plus grands *gurukkal* – les maîtres de *kalaripayattu*. Murali affirme avoir judicieusement choisi les *kalari* que nous allons visiter, de façon à systématiquement éviter tous ceux qui ne sont que des attractions touristiques.

Il me tarde d'amorcer mon entraînement ici, dans la capitale. Mais j'ai aussi vraiment hâte que commence notre expédition sur les routes du Kerala.

Le Kerala, autrefois le Malabar, a dû sans cesse combattu pour garder le contrôle de ses riches ports commerciaux.

sur la route DES ÉPICES

La légende veut que Parasurama, qui était à la fois un guerrier et un sage, ait créé le Kerala en jetant sa hache de combat dans la mer. Il aurait ensuite construit 108 *kalari* et ordonné à ses disciples, les premiers *gurukkal,* d'utiliser le *kalaripayattu* pour protéger leur terre nouvelle. Seules des légendes de ce genre témoignent aujourd'hui de l'origine du *kalaripayattu.* Quoi qu'il en soit, presque tout le monde s'entend pour dire que cet art martial est l'un des plus vieux au monde.

Au VIᵉ siècle, Bodhidharma, un jeune prince qui pratique le *kalaripayattu,* devient moine et consacre le reste de sa vie à propager la doctrine du Bouddha. Constatant lors d'un voyage en Chine que les moines *shaolin* ne savent pas se défendre, Bodhidharma les initie au *kalaripayattu.* Au fil des siècles, cette technique de combat se répandra à travers la Chine, Okinawa et le Japon et formera la base des arts martiaux issus de l'Asie de l'Est.

Les armes de bois et de métal typiques du *kalaripayattu* sont utilisées au Kerala depuis l'ère sangran, un âge héroïque qui débuta vers l'an 200 av. J.-C. et dura plus de 800 ans. Dans les siècles qui suivirent, le Kerala, qui se nomme

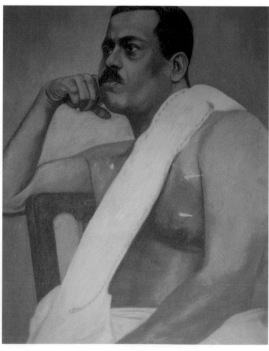

alors Malabar, est assiégé par divers envahisseurs et doit sans cesse combattre pour garder le contrôle de ses riches ports commerciaux. L'arrivée de l'explorateur portugais Vasco de Gama sur la plage de Kappad marque le début d'une période particulièrement turbulente pour la région. Encore aujourd'hui, on trouve au Kerala de nombreux vestiges de ces invasions passées – notamment le fort de St-Angelo, bâti par les Portugais en 1505. Du XVIe au XIXe siècle, le Kerala est la proie d'assauts constants menés d'abord par les Portugais, puis par les forces britanniques. C'est d'ailleurs sous leur occupation que le *kalaripayattu* disparaît progressivement. L'ultime coup de grâce est porté à la fin du XVIIIe siècle lorsque les Anglais l'interdisent officiellement. Néanmoins, il continue d'être pratiqué dans les temples hindous, à l'insu des autorités. Au début du XXe siècle, deux *gurukkal* célèbres, Chirakkal T. Sreedharan Nair et C.V. Narayanan Nair, redonnent vie au *kalaripayattu*. Pour la petite histoire, il est intéressant de noter que ces deux guerriers, dont l'un se réclame de l'école du Nord et l'autre, de celle du Sud, sont des ennemis jurés.

En 1936, les deux rivaux décident de se battre dans un *poithu*, un duel à mort. Les instances gouvernementales interviennent : on consent à ce que les deux hommes se battent, mais pas jusqu'à la mort. Les adversaires refusent dédaigneusement de se plier à cette règle et annulent l'affrontement.

À Trivandrum, sur les marches du temple dédié au dieu Parasurama, à qui on attribue la création du Kerala et du *kalaripayattu*.

L'épée et le bouclier, armes des soldats médiévaux du Kerala, armes suprêmes du *kalaripayattu*

govindankutty nair UN ART DE GUÉRISON

Pour commencer mon entraînement, Murali a choisi le *kalari* CVN de Trivandrum qui a une excellente réputation et qui accepte des élèves étrangers. Cela me semble un bon point de départ.

Murali m'explique que le *kalari,* c'est ni plus ni moins qu'une longue fosse étroite creusée dans la terre. En malayalam, la langue officielle du Kerala, le terme *kalari* veut dire « lieu ouvert » ou « champ de bataille ». Le *kalari* CVN se trouve dans un bâtiment de brique rouge dont l'entrée est décorée d'une tour à l'architecture typiquement portugaise. Ici, les deux aspects du *kalaripayattu* coexistent sous un même toit : en entrant, il y a le *kalari* proprement dit sur la droite et la clinique médicale sur la gauche.

La salle d'attente de la clinique est bondée. Pendant que nous attendons notre tour, Murali m'explique que le terme *gurukkal* renvoie au pluriel de « gourou », mais qu'on appelle tout de même chaque maître *gurukkal* parce que chacun représente la somme des connaissances de l'ensemble des gourous qui l'ont précédé. Incarnation vivante d'une lignée de guerriers, le *gurukkal* est hautement respecté.

Murali ajoute que Govindankutty Nair, le *gurukkal* du CVN, est le fils de C.V. Narayanan Nair, le légendaire guerrier qui a contribué à la renaissance du *kalaripayattu.* Si j'obtiens du *gurukkal* mon admission au *kalari,* je pourrai amorcer la première étape de mon entraînement. L'espoir me prend secrètement que la médecine du *kalaripayattu* pourrait peut-être améliorer l'état de mon genou blessé.

Le *gurukkal* est enfin prêt à me recevoir. Govindankutty est un homme d'un certain âge, d'aspect à la fois frêle et serein. Il me réserve un accueil affable. Son bureau est tapissé de photos de guerriers. Sur l'une d'elles, on voit un homme vêtu d'une peau de léopard qui lui ressemble beaucoup – peut-être s'agit-il de son père ? Quand j'annonce au *gurukkal* que je suis ici pour m'entraîner, il appelle son fils, Satyan, qui est en charge de l'aspect combat du *kalaripayattu.* Le *gurukkal,* quant à lui, se concentre désormais sur la guérison.

Satyan est un homme doux, moustachu, qui parle anglais couramment. Bien qu'il pratique le *kalaripayattu* depuis l'âge de 10 ans et qu'il en ait

Apprendre d'abord les techniques défensives dans le côté est du *kalari* ; plusieurs années plus tard, passer au côté ouest pour les techniques défensives. Après des années de pratique, les deux techniques seront combinées.

> ⌈ Quand le corps n'est plus qu'un œil rivé sur la cible, le guerrier est alors au plus près de son centre, car cette attention extrême de l'œil suppose la maîtrise de l'esprit sur le corps ⌋

aujourd'hui 42, il ne pourra lui-même porter le titre de *gurukkal* qu'après la mort de son père.

Bien sûr, je suis ici pour m'entraîner, mais comme nous sommes dans une clinique médicale, je profite de l'occasion pour consulter le *gurukkal* au sujet de diverses blessures à ma jambe droite. Tandis que son père examine une sévère élongation musculaire qui limite mes mouvements depuis plus de huit mois, Satyan m'explique que le *gurukkal* est expert dans le traitement des blessures causées par l'entraînement. Des foulures aux ecchymoses en passant par les ligaments déchirés, le *gurukkal* utilise les méthodes de guérison du *kalaripayattu* pour soigner immédiatement ses disciples. Personnellement, je suis un peu sceptique, mais j'espère tout de même qu'il pourra faire en sorte que mon élongation ne gêne pas trop mon entraînement.

Traduisant en anglais ce que me dit son père, Satyan m'annonce que je vais devoir appliquer une huile spéciale sur ma jambe pendant quelques jours, puis revenir à la clinique pour recevoir d'autres traitements. Il ajoute qu'avant d'être admise au *kalari,* je vais devoir acheter certains articles qui feront partie d'une offrande rituelle. Je devrai ensuite attendre que le *gurukkal* détermine, à partir de diverses coutumes et de données astrologiques, la journée propice qui marquera le début de mon entraînement.

Et voilà, ma consultation est terminée ! J'en ressors non pas avec une ordonnance, mais avec une liste d'épicerie que je suis incapable de lire. Je devrai employer les articles qui y figurent dans une prière nommée *puja.* La partie offrande, la *dakshina*, est destinée au maître et nécessite des fleurs, une pièce de monnaie en argent, trois feuilles d'aréquier, une banane et des grains de riz. Quand arrivera ma « journée propice », je ferai cette offrande qui me permettra d'être admise au *kalari.*

Heureusement, à la demande insistante de Murali, Satyan accepte de me donner quelques leçons informelles en attendant – ce qui est une bonne chose, compte tenu que je n'ai jamais fait un seul mouvement de *kalaripayattu* de ma vie.

Quelques jours plus tard, je rejoins Satyan dans un parc de la ville. Il m'expose alors les quatre étapes successives de l'apprentissage du *kalaripayattu* : 1) la maîtrise du corps ; 2) les armes de bois ; 3) les armes de métal ; et 4) le combat à mains nues. Les disciples doivent également étudier l'aspect guérison de l'art. Je n'ai plus aucun doute, cet art martial a véritablement une approche holistique de l'adepte !

Satyan me présente d'abord les huit postures animales de la première étape de l'entraînement ; un aperçu de ce que je vais apprendre une fois admise au *kalari*.

Nous avons à peine commencé la séance qu'il me regarde d'un air embarrassé. Puis voilà qu'il me demande la permission de plier son *dhoti*, cette sorte de jupe traditionnelle, à hauteur des genoux. Je ne comprends pas tout de suite le sens de sa requête. Partout dans Trivandrum, des hommes se promènent sans gêne avec leur *dhoti* replié, alors quel est le problème ? Confus, Satyan m'explique que cela n'est pas vraiment conforme aux bonnes manières, mais qu'il lui serait plus facile de me montrer les rudiments du *kalaripayattu* si ses propres mouvements n'étaient pas entravés par le *dhoti*. Touchée par sa délicatesse, je l'autorise à replier son vêtement. Puis notre entraînement reprend... les mollets de mon maître bien en vue !

Tandis que, sous l'œil attentif de mon professeur, j'exécute les coups de pied de base, je me dis que tout cela ressemble plus à de la danse qu'à un art martial. De fait, Satyan est allé plusieurs fois au Japon pour enseigner le *kalaripayattu* à des troupes de danse moderne. La fascination des chorégraphes pour cet art martial est d'ailleurs facile à comprendre : avec ses tournoiements, ses contorsions et ses postures superbes, le *kalaripayattu* a l'élégance d'un ballet raffiné.

Le lendemain, je retourne voir le *gurukkal* pour un autre traitement. Il commence par m'enduire la jambe d'une huile brûlante qu'il vient tout juste de retirer du feu. Au début, ça fait atrocement mal, puis je commence à ressentir un certain soulagement. L'huile dégage un agréable parfum de noix de coco, mais je ne saurais dire si elle fait du bien à ma jambe.

Les jours passent et j'attends toujours que le *gurukkal* décrète quel sera mon jour propice. Entre-temps, je poursuis mes traitements à la clinique, j'achète les articles nécessaires au *puja* et j'essaie de mémoriser les milliers de noms de dieux que l'on retrouve un peu partout. Exercice affolant. Pas étonnant qu'on se livre à un si grand nombre de rituels : il y a littéralement des millions de dieux à vénérer ! Chaque matin, à ma sortie de l'hôtel, Prakash m'attend avec la voiture et une guirlande de fleurs de jasmin pour mes cheveux. Nous allons ensuite rejoindre Satyan dans un parc ou à la plage et, là, mon entraînement se poursuit. Et puis il y a Swapna, *the fashionista*, qui m'entraîne dans une virée dans les magasins. Essayage et achat de saris, de *salwar*, pour remplacer mes vêtements occidentaux qui sont peu de mise ici.

Ainsi, lentement, sous le soleil, la mer et les cocotiers, le temps passe...

Le grand jour arrive enfin, ce fameux jour propice que j'ai tant attendu ! À 5 h du matin, je me rends au *kalari* CVN pour ma première classe. L'entraînement intense va m'achever ou me guérir. Le moment de vérité approche, je vais avoir une réponse.

Kalari CVN, Trivandrum, portrait de C.V. Nayaranan Nair, l'un des deux *gurukkal* qui ont fait renaître le *kalaripayattu*.

La *poothara*, la plateforme aux fleurs dont les sept marches représentent les sept déesses-mères qui veillent sur le monde et accompagnent l'humanité vers la connaissance suprême.

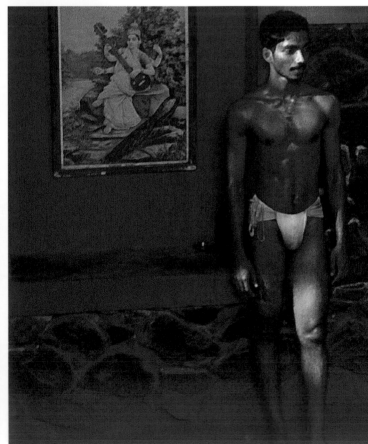

« L'élève pénètre toujours dans le *kalari* par le pied droit ; ensuite, il touche le sol et porte la main droite à son front en signe de vénération pour la terre sacrée »

satyan et LES GUERRIERS NUS

Partout, partout, des corps nus et huilés – du moins, c'est ma première impression. Quel spectacle ! Moi qui m'étais accoutumée à voir les gens vêtus de la tête aux pieds... Même Swapna est étonnée à la vue de la légèreté des tenues d'entraînement.

Les hommes portent un pagne minuscule qui ferait rougir un sumo, alors que, moi, je dois rester habillée des pieds à la tête, incluant un long foulard. Le contraste est frappant à côté de la quasi-nudité des hommes. En vue d'un combat ou d'un entraînement spécial, les disciples s'enveloppent d'un pagne plus long à la manière *katchakettal*. Selon leurs croyances, ce pagne, le *katcha*, protège leur force de vie, le *prana*.

Dans le *kalari*, une forte odeur de noix de coco domine toutes les autres. Gorgé de l'huile dont s'enduisent les disciples, piétiné sans relâche depuis de nombreuses années, le sol est très compacté. Mes pieds en ressentent un choc immédiat mais les disciples, quant à eux, y sont habitués. Bon nombre d'entre eux ont passé leur vie à marcher pieds nus.

Un disciple avancé me montre le rituel à suivre en entrant dans le *kalari* proprement dit : mon pied droit doit toucher le sol en premier ; ensuite, je dois toucher le sol, mon front et puis mon cœur avec ma main droite. Un geste que je devrai répéter chaque fois que je franchirai le seuil d'un *kalari*. Une fois entrée, Satyan m'accompagne jusqu'à son père, le *gurukkal*, pour que je lui porte la *dakshina*, l'offrande. Il me montre ensuite comment rendre hommage aux divinités sur l'autel. Les rituels sont fréquents et élaborés.

D'abord lieux d'entraînement, les *kalari* sont aussi considérés comme des temples. En entrant ou en sortant du *kalari*, je dois me rendre au *poothara*, l'autel des sept marches, toujours installé au coin ouest de la fosse, puis aux quatre coins du *kalari* en touchant chaque fois le sol et les divinités qui se trouvent sur le chemin. Les soucoupes d'huile et d'encens qui sont placées à l'avant du *kalari* répandent dans la pièce une forte odeur de myrrhe.

Au cours de mes divers voyages, j'ai appris à saluer les gens de différentes manières, mais

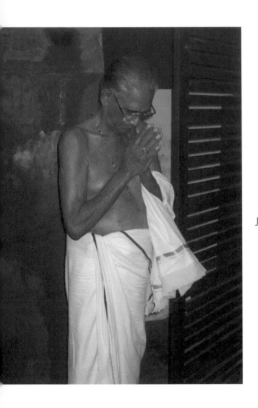

la façon dont je dois saluer le *gurukkal*, en me prosternant devant lui et en lui touchant les pieds, est pour moi une nouveauté. Satyan m'explique que c'est une façon d'exprimer ma considération à l'égard des divinités ainsi que du *gurukkal* et mon respect pour les règlements du *kalari*.

Je commence par le début, le *meippayatt,* qui constitue la première des quatre étapes de l'entraînement et la base du *kalaripayattu.* Les jeunes disciples doivent en étudier les mouvements pendant des années avant de passer au combat proprement dit. La plupart des élèves s'entraînent deux heures par jour, en plus du temps qu'ils consacrent aux étirements et aux massages pour s'assouplir au maximum. Disons que j'ai du rattrapage à faire...

Durant les semaines suivantes, je me concentre surtout sur les huit postures animales de base : l'éléphant, le cheval, le lion, le sanglier, le poisson, le chat, le coq et le serpent. Ces postures améliorent l'équilibre et la souplesse du débutant, mais elles comprennent aussi des mouvements de combat complexes que les disciples expérimentés réussissent à combiner pour créer des attaques mortelles.

Alors que la première étape de mon apprentissage tire à sa fin, il est temps de songer aux préparatifs de notre *road trip* vers le nord du Kerala. On croit généralement que c'est dans cette région que le *kalaripayattu* est né. Là, j'espère poursuivre mon entraînement et aborder les trois autres étapes. J'ai d'autant plus hâte que Murali m'a fait miroiter la possibilité de m'entraîner avec un groupe de guerrières.

Avant de partir, je remercie Satyan et prépare une dernière offrande pour son père, Govindankutty *gurukkal,* qui accepte mon hommage de bonne grâce et m'accorde sa bénédiction.

En route vers le nord du Kerala, là où serait né le *kalaripayattu*.

shankara narayana LE CLAN

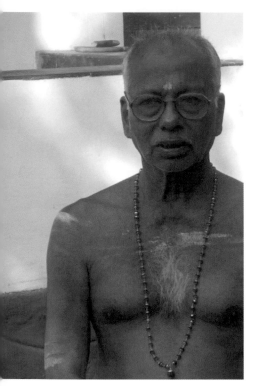

Notre *road trip* commence enfin. En route pour Chavakad. Avec Prakash au volant, une main sur le klaxon, l'autre gesticulant par la fenêtre, nous remontons la côte à une vitesse folle. Pendant que Swapna et Murali se disputent gentiment à propos de tout et de rien, je me sens de plus en plus à l'aise dans mon nouvel environnement.

Maintenant en pleine campagne, nous roulons plein nord vers le lieu qui a vu naître le *kalaripayattu*. Sept heures de route plus tard, nous arrivons au village de Chavakad, où se trouve le *kalari* Vallabhatta. Nous sommes aussitôt accueillis par Krishna Das et ses frères qui nous présentent à leur père, le *gurukkal* Shankara Narayana. Comme il ne s'entraîne plus régulièrement, ce sont les frères qui dirigent le *kalari* familial. Ils voyagent fréquemment à l'étranger pour donner des démonstrations de *kalaripayattu*.

L'atmosphère qui règne ici est loin de celle, plus cosmopolite, de Trivandrum. Les gens n'ont pas beaucoup d'argent, aussi fait-on subsister le *kalari* en organisant des démonstrations dites culturelles pour des groupes de touristes. Krishna Das m'affirme que de plus en plus de *kalari* comptent sur le tourisme pour assurer leur survie, fait qui témoigne de la précarité du *kalaripayattu*. Bien que certains *kalari* s'efforcent de conserver leurs traditions, plusieurs semblent troquer l'essence de leur art contre la monnaie sonnante du *showbiz*.

Le *gurukkal* Shankara Narayana a généreusement accepté de m'initier à la deuxième étape du *kalaripayattu* : les armes de bois, ou *kolthari*. Le *kalari* Vallabhatta est à une heure de notre hôtel, donc réveil matinal à 4 h pour arriver au cours à temps.

Dès mon arrivée, je remarque que les rituels que j'ai appris au CVN ne s'appliquent pas

nécessairement aux autres *kalari*. Ici, le *gurukkal* accomplit ses rituels couvert de cendres. Il ressemble presque à un ancien chef guerrier. Le maître ne parle pas anglais et, même avec ses fils comme interprètes, j'ai l'impression que la communication avec lui ne va pas être facile. Contrairement à ses fils qui ont voyagé et sont habitués à côtoyer des étrangers, le *gurukkal* ne sait visiblement pas quoi penser de moi.

Au début, j'ai du mal à suivre les instructions, ce qui rend les cours franchement difficiles. Puis, j'apprends à reconnaître quelques consignes de base en malayalam. J'assimile peu à peu le rythme de cette nouvelle langue : *valathunere'y* (jambe) droite, droit devant ; *edathunere'y* (jambe) gauche, droit devant. Et on recommence : *valathunere'y* (jambe) droite, droit devant ; *edathunere'y* (jambe) gauche, droit devant...

Le *gurukkal* lui-même m'initie au *kettukari,* le bâton long. Krishna Das m'explique que c'est la première arme que l'on enseigne au *kalari* ; vient ensuite le bâton court, plus difficile à manier, et l'*otta*, une sorte de canne, encore plus difficile. Les armes de bois constituent la base de l'entraînement aux armes du *kalaripayattu*.

Les disciples apprennent à considérer les armes comme une extension de leur corps. Avant de passer aux armes de métal, il leur faut travailler les armes de bois pendant des années.

Le *kalari* est un espace rectangulaire creusé et étroit ; on ne peut s'y entraîner que quelques-uns à la fois. Le reste du groupe patiente debout le long des murs.

Je réalise très vite que le *gurukkal* n'attend pas grand-chose de moi. En fait, il a du mal à comprendre qu'une femme de mon âge s'obstine à s'entraîner dur – il est vrai que je n'ai pas vu une seule femme de plus de 15 ans ici.

vishwanathan gurukkal AU PAYS DES GUERRIÈRES

Un jour, après notre entraînement matinal, Krishna Das nous amène à Edapal afin d'y voir des combattantes qui s'entraînent avec son oncle, Vishwanathan *gurukkal*. Dès notre arrivée à Edapal, village situé à une heure au nord de Chavakad, nous nous rendons dans un *kalari* traditionnel au toit de chaume qui devra être refait chaque année après la dure saison des moussons. Le *gurukkal* nous accueille avec une noix de coco et une paille, puis il nous fait visiter les lieux. Le bâtiment est le mieux ventilé de tous ceux que nous avons vus, la température dans la fosse du *kalari* est beaucoup plus supportable.

Pendant la visite, Murali me fait un bref historique sur les femmes *nayar*. La caste *nayar* diffère des autres castes indiennes en ce sens qu'elle est matriarcale. Traditionnellement, les familles de la caste *nayar* ont toujours suivi des règles de filiation matrilinéaires ; il fut même un temps où les enfants étaient élevés dans la maison de la mère. Jusqu'au début du XXᵉ siècle, on enseignait le sanskrit, la musique, l'astrologie et le *kalaripayattu* aux femmes *nayar*. On dit qu'elles avaient un statut égal à celui des hommes de façon à mieux gouverner et protéger leur famille en l'absence des guerriers mâles partis au combat.

Tout ça me donne très envie de rencontrer des guerrières *nayar* modernes. L'après-midi même, au *kalari* Vallabhatta, j'ai droit à une démonstration de leur savoir-faire. Le moins que je puisse dire, c'est que je n'ai pas été déçue !

Deux hommes sont étendus sur le sol du *kalari* et chacun a un petit melon sur le ventre. Un troisième homme est debout et tient un melon à bout de bras devant lui. Pendant ce temps, l'une des guerrières se fait couvrir les paupières de sable, puis se fait bander les yeux. Un couteau est imperceptiblement posé sur le sol devant elle par le *gurukkal*. On la fait tourner plusieurs fois sur elle-même, après quoi elle se penche, ramasse le couteau et se dirige vers les trois hommes

immobiles. Tout à coup, elle fait volte-face, s'accroupit et, à l'aveugle, coupe en deux le melon se trouvant sur le ventre d'un des hommes ! L'exercice est terriblement dangereux. En la voyant se diriger vers un deuxième homme, j'ai le cœur au bord des lèvres. À un moment, elle manque la cible et entaille le bras d'un des hommes... du moins, c'est ce que je crois avant de constater que sa lame l'a manqué de peu. La guerrière achève sa performance et tous sont sains et saufs. Krishna Das m'explique que, comme tous ses autres disciples, ces filles ont appris à connaître d'instinct les dimensions du *kalari*. Or, l'exercice que je viens de voir a été conçu pour mettre cet instinct à l'épreuve. Je ne crois pas que j'aurai jamais envie de me prêter à cet entraînement !

Je suis invitée à participer à une classe où épées, lances, boucliers, dagues, etc., sont à l'honneur. À cette occasion, je remarque que Das et son oncle sont visiblement très fiers de leurs étudiantes. Après le cours, j'ai la chance de discuter avec quelques-unes des étudiantes. Leurs opinions et leur franc-parler ont l'heur de m'étonner. L'une des filles déclare avec fermeté son opposition à certaines traditions décrétées, bien sûr, par des hommes. Elle me montre l'une de ses amies du doigt, me

disant qu'elle n'a pas été autorisée à s'entraîner aujourd'hui parce qu'elle est menstruée. « Ce n'est pas correct, lance-t-elle en me regardant droit dans les yeux. Ce système-là devrait être éliminé ! » Mon interlocutrice est également en désaccord avec le fait que les femmes ne se sentent pas autorisées à s'entraîner après le mariage. Je ne m'attendais décidément pas à ça, surtout en milieu rural, même si Swapna m'avait préparée, en quelque sorte.

Alors que nous quittons le *kalari*, nos adieux étant faits, je réalise la chance que j'ai eue d'avoir un père qui m'a élevée « non en femme ou en homme, mais en individu », comme il le dit si bien.

prasad et das LE TRAITEMENT ROYAL

Nous remontons la côte du Malabar jusqu'à la ville de Kannur. Là, j'espère pouvoir entreprendre la troisième étape du *kalaripayattu* – *ankathari,* les armes de métal – avec les *gurukkal* Prasad et Das, deux frères issus d'une famille royale du Kerala.

En chemin, nous nous arrêtons à l'ancien comptoir français de Mahé-Pondichéry pour faire le plein d'essence et quelques courses. Comme Pondichéry est une zone franche, les gens font la queue pour acheter vin et spiritueux. Je constate avec stupéfaction que, dans cette bourgade qui a appartenu autrefois à la France, les pêcheurs parlent encore le français. Pondichéry évoque pour moi le temps où, adolescente, je rêvais de naviguer autour du monde sur mon voilier en solo pour découvrir les anciennes colonies et mouiller l'ancre dans des ports exotiques comme celui-ci.

Peu après Mahé-Pondichéry se trouve Kannur. Murali m'apprend que Kannur – ou « Canannore », ainsi que l'appelaient les Britanniques – est un port commercial important, et ce, depuis le XVe siècle. L'explorateur vénitien Marco Polo le signale dans ses écrits. À travers les siècles, diverses religions ont coexisté pacifiquement ici. Mais si la confrontation des doctrines ne pose pas problème, il en va autrement de nos repas ! Quand notre petit groupe s'arrête pour manger, c'est toute une affaire : Swapna est chrétienne, je suis juive, Murali est un hindou végétarien et Prakash est hindou, lui aussi, mais il mange de la viande. Nous avons tous des habitudes alimentaires différentes. Aujourd'hui, Swapna a envie de bœuf. Durant le repas, elle nargue Murali en lui disant : « Je mange ton dieu ! Je ne peux pas m'en empêcher, ton dieu goûte tellement bon ! » Heureusement Murali est un gentleman et, à la fin du repas, l'harmonie religieuse est toujours intacte.

Lorsque nous arrivons chez eux, Prasad et Das sont là pour nous accueillir. Cordiaux et distingués, les deux frères ont de la classe. Ils insistent pour que notre chauffeur nous accompagne dans la maison et lui apportent un thé. Un geste inhabituel dans une société où les classes sont encore strictement divisées.

Les frères dirigent aujourd'hui le *kalari* qui fut fondé par leur père, Chirakkal T. Sreedharan. Tandis que nous dégustons une tasse de thé, Prasad et Das nous parlent de cet illustre père qui fut, avec C. V. Narayanan Nair, le père de Govindakutty, l'un des deux principaux architectes de la renaissance du *kalaripayattu*.

Entraînement
au bâton court
avant d'accéder
à l'arme de bois
suprême, l'*otta*,
corne recourbée
dévastatrice pour
les points vitaux

Chirakkal Sreedharan était aussi un écrivain passionné : en 1966, il publie la première étude détaillée de *kalaripayattu*. Combattant légendaire, il a défié la prohibition du *kalaripayattu* décrétée par les Britanniques et a contribué ainsi à la survie de cet art.

Le lendemain, j'ai droit à mon premier cours. Les frères commencent par me faire réviser les techniques des armes de bois. J'ai hâte de me mettre aux armes de métal – *ankathari*, la troisième étape du *kalaripayattu* –, mais cette expérience ne débutera certainement pas aujourd'hui. Mon empressement est compréhensible : pour être considéré comme un vrai guerrier, le disciple doit maîtriser le sabre et le bouclier, armes suprêmes de l'art. Mais avant de pouvoir manier la lame, je vais devoir parfaire les séquences imposées avec les armes de bois.

Pour m'aider à y arriver, j'ai recours à Seema, une experte dans le maniement des armes. Seema est la seule femme de plus de 25 ans que j'aie croisée dans un *kalari*. En plus de m'aider à réviser mes séquences avec les bâtons, elle me montre quelques techniques avec l'*urimi*. Fait de deux lames de métal longues, fines et flexibles, l'*urimi* est une arme des plus terrifiantes. On le manie en le faisant tournoyer et en le projetant dans les airs comme un fouet. Avec un tel instrument entre les mains, le néophyte a de fortes chances de se décapiter lui-même !

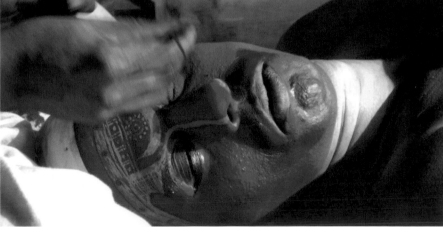

Préparation à la danse rituelle *theyyam* qui demande énergie, forme physique et connaissance des mouvements du *kalaripayattu*.

J'ai tellement de plaisir à m'entraîner et à discuter avec Seema, Prasad et Das que le temps file à une vitesse vertigineuse. Mes hôtes m'invitent à participer à un concours de coups de pied en hauteur, une innovation en *kalaripayattu*. Comme il n'y a pas de compétitions de combat, des concours de ce genre ont récemment été créés pour faire concurrence aux nouveaux arts martiaux. Bon nombre d'amateurs d'arts martiaux préfèrent s'orienter vers le karaté ou le taekwondo ; ces nouveaux concours sont une façon de garder ou d'attirer de nouveaux élèves. Pour ce qui est du coup de pied en hauteur, je dois avouer que je préfère laisser cela aux jeunes de 15 ans qui le font très bien.

Voilà plusieurs jours que je m'emploie à perfectionner mes techniques avec les armes de bois mais, malheureusement, il me faut déjà songer à partir. Lorsqu'ils apprennent mon départ, les *gurukkal* m'accordent le privilège d'essayer les armes de métal. L'expérience est brève, néanmoins je leur en suis plus que reconnaissante.

Ça me fait de la peine de devoir partir si tôt mais, d'un autre côté, mon horaire m'impose ce départ. Je suis intriguée par la quatrième et dernière étape du *kalaripayattu* : le combat à mains nues contre un adversaire armé. Vais-je apprendre à neutraliser l'ennemi en lui donnant un petit coup du bout du doigt ? À suivre...

sherif c. mohamed LE GURUKKAL MODERNE

Mon voyage à travers le Kerala tire à sa fin. Dans la dernière étape de mon périple, je visite Sherif *gurukkal,* qui habite lui aussi Kannur. Sherif est reconnu pour sa maîtrise de la quatrième et dernière phase du *kalaripayattu : verumkai prayogam,* le combat à mains nues.

Murali m'a fortement recommandé de rencontrer ce maître qui est l'un des rares *gurukkal* musulmans du Kerala. Descendant d'une ancienne famille de guerriers, Sherif C. Mohamed figure parmi les premiers à avoir enseigné le *kalaripayattu* à l'extérieur du pays ; il dirige des écoles en Allemagne et en Angleterre. Après avoir consacré 10 années de sa vie à des recherches sur les origines du *kalaripayattu,* il a collaboré à la rédaction d'un ouvrage qui fait aujourd'hui autorité.

Lors de notre première rencontre, j'apporte la rituelle offrande à celui qui est le gourou de Sherif depuis plus de 35 ans, Chandra Shekaran *gurukkal.* Lorsque le vénérable Chandra *gurukkal* visite le *kalari,* par respect, Sherif lui abandonne son titre de *gurukkal.*

Quoi qu'il en soit, l'essentiel de mon entraînement se fera avec Sherif lui-même, un homme assez grand et mince, calme, mais avec une certaine intensité, et qui parle anglais couramment. En discutant avec lui, je découvre qu'il a déjà fait la connaissance de Jean Frenette, mon bon ami et confrère karatéka, en Italie. Quand on dit que le monde est petit ! Je ne m'attendais vraiment pas à rencontrer l'ami d'un ami à Kannur !

Une fois les présentations faites, le cours commence. Je suis très troublée d'apprendre que les disciples qui m'entourent s'entraînent tous depuis au moins 20 ou 25 ans et ont déjà traversé les trois étapes précédentes. M'entraîner avec eux est autant un défi qu'un réel privilège. Heureusement pour moi, Sherif est ouvert aux échanges avec des adeptes des arts martiaux de tous les styles et de toutes les allégeances.

Sherif m'explique que le *verumkai prayogam,* la quatrième et dernière étape du *kalaripayattu,* consiste en un système de prises et de clés auxquelles s'ajoutent des coups de coude et de jointures visant les *marma,* ou points vitaux de l'adversaire. Un coup porté à l'un de ces points

Quatrième et dernière étape, le *verumkai prayogam*, système de prises et de clés auxquelles s'ajoutent les coups de coude et de jointures visant les points vitaux du corps.

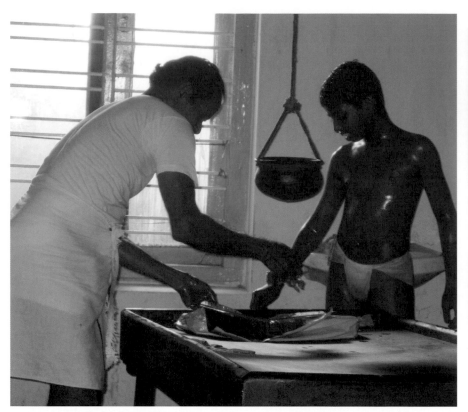

sensibles peut entraîner de sérieuses blessures, voire la mort. On peut aussi exercer des pressions sur ces points à des fins de guérison. Les disciples doivent étudier les points *marma* en vue de ces deux utilisations.

Certaines des clés et des prises employées ici ressemblent à celles que j'ai apprises en aïkido. Curieusement, lorsque Sherif presse l'un des points *marma* de mon bras, je ne ressens rien. Pourtant, quand il applique la technique sur un de ses élèves, celui-ci se tord de douleur ! Après que tout le monde s'est bien amusé de mon absence de réaction, Sherif m'explique que certaines femmes ont une plus grande résistance à certains points de pression. L'idée me plaît. C'est parfois avantageux d'être une femme !

Après le cours, Sherif m'emmène à la clinique voisine pour que j'observe comment on utilise les 108 points *marma* pour guérir. Là, je regarde le maître de Sherif pendant qu'il concocte des préparations d'herbes médicinales. Sherif me dit qu'on enseigne aussi la connaissance des points vitaux dans la médecine indienne traditionnelle de l'*ayurveda,* terme qui veut dire « science de la vie ». On dit que les traitements d'herbes de l'*ayurveda* peuvent prolonger la vie (*ayur*) d'une personne. V*eda*, dans le mot *ayurveda,* signifie « science » ; or, cette science est le fruit d'une tradition orale qui remonte à quelque 5000 ans.

Je voudrais en savoir un peu plus sur le *uzhichil,* le massage traditionnel du *kalaripayattu*, mais Sherif m'explique qu'il n'est habituellement pas donné aux femmes. C'est le *gurukkal* qui administre le massage ; or, il n'est pas censé toucher de corps féminins. J'aurais bien aimé qu'il me masse, car c'est durant ce massage que le *gurukkal* enseigne au disciple les points *marma*. Voilà donc un autre aspect du *kalaripayattu* auquel les femmes n'ont pas accès.

Sherif m'annonce alors qu'il enseigne présentement le *uzhichil* à son épouse. Je sais que ce ne sera pas comme un massage du *gurukkal* lui-même, mais je me dis qu'au moins c'est un pas dans la bonne direction.

Je ne m'entraîne au *kalari* de Sherif que pendant une petite semaine, mais quelle semaine enrichissante ! Dès le début, j'ai ressenti entre nous une belle complicité. Nous nous plaisons beaucoup à partager nos vues, opinions et histoires concernant les arts martiaux. Autant Sherif veut apprendre de moi, de mon expérience de vie, autant je veux apprendre de lui. Un beau partage.

Nous reprenons la route dès le lendemain matin. Il est temps pour moi de rentrer à la maison.

le corps COMME RADAR

Quand l'aigle attaque,
il plonge sans étendre les ailes
Quand le tigre est sur le point de bondir sur sa proie,
il rampe les oreilles rabattues
De même quand un sage est sur le point d'agir,
nul ne peut le deviner.

Bodhidharma

Le *kalaripayattu* est l'un des arts martiaux les plus anciens du monde. En Inde, on l'appelle la mère de toutes les disciplines artistiques du Sud parce que son influence dépasse les pratiques de combat. C'est aujourd'hui un lien vital avec les traditions du Kerala et un symbole de sa culture distincte. C'est aussi un art véritablement complet qui, en plus des techniques martiales avec ou sans armes, a développé l'étude du *marma,* la connaissance du corps humain et de ses 108 centres vitaux d'énergie. Aujourd'hui le *kalaripayattu* cherche à garder une place dans le monde moderne. Les *gurukkal* authentiques contribuent à en assurer la survie tout en veillant à la préservation de ses traditions hors des circuits touristiques.

aïki**DO**

aïki D O

Debout au centre de la pièce, le vieux maître attend. Parfaite-ment immobile. Devant lui, quatre assaillants s'avancent, menaçants. Impassible, le maître ne bouge toujours pas. Lorsque deux des attaquants bondissent, il s'efface d'un léger pas de côté tandis que, des bras, il enroule les deux hommes autour de son corps avant de les projeter au sol, sans effort apparent. Sans attendre, deux autres attaquants se jettent sur lui. Il étend alors les bras pour recevoir les attaques, les parer et les détourner, poussant ainsi les assaillants l'un contre l'autre. Ceux-ci s'effondrent pêle-mêle au sol. Déjà sur pieds, les deux premiers reviennent à la charge et foncent violemment sur leur maître qui poursuivra ainsi l'entraînement de l'après-midi sans jamais donner un seul coup. Car dans cet art, la règle est simple : accueille l'attaque en étant aussi fluide et insaisissable que l'eau d'une rivière.

budo la voie MARTIALE

Afin de respecter les valeurs sacrées du *budo,*

Nous devons tendre vers la paix,

vers un monde sans querelles,

sans souffrances et sans conflits.

Voilà l'essence même de la pratique de l'aïkido.

O'Sensei

Par ce pèlerinage, je cherche à mieux comprendre la voie du samouraï

mon arrivée AU PAYS

Tokyo, Japon. Cette ville ultramoderne au rythme de vie effréné déroute l'étranger ignorant des subtiles règles d'étiquette qui régissent la vie sociale. Un contraste particulièrement frappant avec l'ambiance plutôt décontractée que j'ai connue à Okinawa, qui est pourtant une île japonaise aussi.

Je débarque à l'aéroport de Narita avec mon compagnon de voyage et partenaire d'entraînement, Guillermo Grispo, un aïkidoiste argentin rencontré à Montréal. Guillermo pratique les arts martiaux depuis l'âge de cinq ans et parcourt le monde pour étudier avec différents maîtres. Bientôt le centre-ville de Tokyo nous avale. Nous ne sommes plus que deux Occidentaux, sac au dos, perdus dans une mer de néons.

Ce voyage représente la gratification ultime de mon cheminement en aïkido, commencé il y a près de trois décennies à Newburyport, au Massachusetts. Je m'étais alors inscrite à un camp d'été où allait enseigner, entre autres maîtres, le célèbre Kanai Mitsunari. L'expérience m'a tellement marquée que j'ai quitté le poste d'animatrice que j'occupais dans une station de radio de Québec pour m'installer aux États-Unis. L'aventure a duré neuf ans. Je me suis exilée par goût, pour étudier l'aïkido avec Kanai *sensei*, qui est à mes yeux l'incarnation vivante de la tradition du samouraï. À la fois poète, calligraphe, maître d'épée et artisan traditionnel, il est pour moi une constante source d'inspiration. C'est dans son dojo, à Boston, que je lui ai confié mon intention de visiter un jour son pays natal, d'y approfondir ma connaissance de sa culture et de tâcher de mieux comprendre la voie du samouraï.

Art martial purement défensif créé au début du xxe siècle, l'aïkido se pratique à mains nues. L'intelligence de cet art consiste à utiliser la force et l'élan de l'attaquant contre lui-même. En aïkido, plus forte est l'attaque et plus dure est la chute. La flamme de l'aïkido, celle de ses techniques de combat, est le *budo*, la voie martiale. Cet esprit, dans lequel survit encore aujourd'hui l'art guerrier du Japon d'autrefois, englobe aussi bien la poésie, la calligraphie et la cérémonie du thé que la fabrication des épées. La maîtrise de ces arts plus délicats devait pouvoir transformer un soldat brutal en guerrier gentilhomme, en samouraï. C'est pour appréhender et m'approprier cette voie que je suis venue au Japon. En m'engageant dans un pèlerinage aux montagnes Kumano, la Mecque des samouraïs, j'espère comprendre enfin ce que Kanai *sensei* a toujours cherché à m'inculquer, à savoir que l'aïkido est *budo*.

Deux grands maîtres régissent la destinée de l'aïkido en Amérique du Nord. Yamada *sensei* et Kanai *sensei*, tous deux *uchi-deshi*, élèves résidants, de O'*Sensei*, le grand fondateur de l'aïkido. Mon maître, Kanai *sensei*, ne peut être au Japon en même temps que moi. Je suis alors autorisée à me tourner vers Yamada *sensei*, le *sempaï* de Kanai *sensei*, que je connais depuis la même époque. Reconnu comme le grand ambassadeur de l'aïkido, Yamada *sensei* accepte de m'accompagner pendant mon pèlerinage. Encore à New York au moment de mon arrivée au Japon, il doit débarquer à Tokyo d'ici quelques semaines.

Entre-temps, Guillermo et moi voulons tout mettre en œuvre pour nous acclimater. Je suis angoissée à l'idée de commettre quelque bourde monumentale et ainsi peut-être déshonorer les dojos canadiens ! Pour éviter pareil cauchemar, je compte me plonger dans

les complexes et omniprésentes règles d'étiquette de la société japonaise. Et pour être au meilleur de notre forme, Guillermo et moi irons nous entraîner au dojo, l'école du coin. Je rêve de ce voyage depuis si longtemps que j'ai la ferme intention d'en profiter au maximum.

「Je dois me plonger dans les complexes et omniprésentes règles d'étiquette de la société japonaise」

Inculquée dès l'enfance, l'étiquette a pour but de discipliner les passions et de rendre possibles et agréables les rapports sociaux.

« Le code d'honneur des samouraïs, le *bushido*,
teinte encore aujourd'hui les valeurs
et les modes de vie du Japon »

la voie du GUERRIER

Après la Deuxième Guerre mondiale, la pratique des arts martiaux disparaît presque complètement au Japon. Parmi ceux qui reprennent graduellement l'entraînement, plusieurs mettent en question le rôle que peuvent jouer les arts martiaux dans un pays qui se remet mal des atrocités de la guerre. Ueshiba Morihei est de ceux-là. Selon lui, le Japon a grand besoin d'un art martial dont les valeurs suprêmes sont la paix et l'harmonie. Cet art existe. C'est l'aïkido, et il en est le fondateur.

Aboutissement, vers les années 1920, d'une longue recherche tant physique que spirituelle, l'aïkido est un art martial purement défensif conçu pour permettre de se défendre d'un attaquant armé d'une épée. Au lieu de répondre à la force par la force ou d'y résister, le disciple apprend à retourner l'énergie négative de l'attaquant contre lui-même. C'est l'étude approfondie de plusieurs systèmes de combat traditionnels qui amène Ueshiba, que ses élèves appellent « O'*Sensei* », grand maître, à utiliser sa vaste expérience des arts martiaux pour créer les techniques de l'aïkido.

Pour O'*Sensei,* les techniques sont l'aspect physique de l'art ; l'essence réside dans le *budo,* la voie martiale.

Du IXe au XVIIe siècle, les samouraïs sont des soldats professionnels à la solde des seigneurs féodaux de l'époque, les shoguns. À partir du XIIe siècle et jusqu'à la restauration Meiji de 1868, les samouraïs dominent. Les règles qui régissent leur vie sont définies dans un code oral, le *bushido,* lequel prône des vertus telles que l'honneur, la bravoure et la loyauté. Sous l'influence grandissante du bouddhisme zen, les samouraïs intègrent alors à leur art de vivre plusieurs pratiques qui ont toujours cours aujourd'hui, dont la cérémonie du thé et l'arrangement floral. Vers la fin du XIXe siècle, l'empereur Meiji abolit le système féodal et déclare l'unification du Japon. La classe des samouraïs disparaît alors, mais l'esprit du *budo* survit.

Tout autant que pour les samouraïs, le *budo* est, pour O'*Sensei,* l'ingrédient essentiel d'un mode de vie qui l'a mené à faire plusieurs pèlerinages dans les montagnes Kumano,

région considérée comme le cœur spirituel du Japon. Là, O'*Sensei* a purifié son corps et son esprit dans l'eau de la rivière sacrée Isuzu et sous les chutes Nachi, considérées comme l'incarnation d'une divinité.

O'*Sensei* s'attache si fort à cette terre sacrée des montagnes Kumano qu'il y fonde un dojo. Durant les années de l'après-guerre, O'*Sensei* voyage partout au Japon pour fonder des dojos et répandre ainsi la pratique de l'aïkido.

Depuis, les successeurs de O'*Sensei* s'efforcent de gagner le difficile pari de préserver la vision initiale du fondateur tout en permettant à l'art d'évoluer. La Fédération internationale d'aïkido est aujourd'hui présidée par Ueshiba Moriteru, petit-fils de O'*Sensei*, *Doshu*, ou chef, titre dont il a hérité à la mort de son père en 1999.

Les samouraïs, chevaliers rudes et aventureux, faisaient profession de se battre et formaient une classe très considérée dans le Japon féodal.

« C'est le propre
du vrai courage de vivre
quand il faut vivre, et
de mourir seulement
quand il faut mourir »

Bushido

« Pour les samouraïs, l'épée était une arme
mais aussi l'expression de leur statut
et le symbole fondamental de leur âme »

Yoshihara sensei

yoshihara sensei POLITESSE ET DÉCAPITATION

Notre première destination: Hombu, quartier général et dojo suprême de l'aïkido. J'ai toujours rêvé de m'entraîner ici. Mais avant l'arrivée de Yamada *sensei*, je veux me familiariser avec les règles très strictes de l'étiquette japonaise. Pour éviter de faire honte à Yamada *sensei* ou de me mettre moi-même dans l'embarras. Ici, on ne badine pas avec l'étiquette ; tout commence et finit avec elle. En ce sens, l'aïkido est un microcosme de la société japonaise. Ainsi, dès que je mets le pied sur le tatami qui recouvre le sol du dojo, l'étiquette veut que je m'incline devant un portrait de O'*Sensei* placé bien en évidence à l'avant du dojo sur l'autel nommé *kamiza*.

Guillermo et moi découvrons bientôt que les classes se déroulent ici de la même façon que chez nous : on commence par s'échauffer et assouplir les articulations, les chevilles, les poignets et la nuque, puis on roule sur le dos pour se préparer aux chutes. Par respect pour autrui, chacun doit porter un *gi* – l'uniforme blanc de l'aïkidoiste – d'une propreté immaculée. Par-dessus le *gi*, les gradés ceinture noire portent l'*hakama*, traditionnelle jupe-pantalon.

Une fois les échauffements terminés, le *sensei* fait la démonstration d'une technique que les élèves répéteront ensuite par groupes de deux. L'aïkidoiste a besoin d'un partenaire pour s'entraîner, le point de départ étant l'énergie fournie par l'attaque. Le plus grand respect est de mise ; l'attaquant prête, en quelque sorte, son corps à son partenaire pour qu'il puisse apprendre les techniques. À tour de rôle, chaque élève devient *uke* et *nage*, attaquant et défenseur, de façon à comprendre les deux aspects d'une même réalité.

Durant notre première semaine au Japon, Guillermo et moi assistons aux classes données à Hombu. Tant à l'intérieur qu'à l'extérieur du dojo, nous nous efforçons d'observer rigoureusement les règles d'étiquette qui prévalent. Notre intention est de quitter ensuite Tokyo pour visiter le dojo d'Iwama où O'*Sensei* a passé les dernières années de sa vie. Là, nous demanderons à Saito *sensei*, ancien élève de

O'*Sensei* et expert dans le maniement des armes, de nous accepter dans son dojo en tant que *uchi-deshi*.

En vue de cette rencontre nous devons travailler, affiner notre connaissance de l'étiquette et nous entraîner aux armes.

Quand nous n'avons pas classe à Hombu, Guillermo et moi nous entraînons avec le *bokken*, un sabre de bois, et le *katana*, l'épée traditionnelle. On dit que le *katana* est l'arme la plus parfaitement réalisée au monde. Mon maître, Kanai *sensei*, m'a appris que O'*Sensei* a créé l'aïkido comme moyen de se défendre à mains nues contre une épée. Pour O'*Sensei*, l'épée n'est qu'une extension du bras et de la volonté qui anime ce bras.

Avant de partir pour Iwama, nous rendons visite à un homme dont Kanai *sensei* a vanté les mérites. Héritier du savoir de 10 générations d'artisans, Yoshihara Yoshindo est l'un des derniers Japonais à fabriquer des *katana* selon la méthode traditionnelle. Nous allons le rencontrer chez lui, en bordure de Tokyo, dans la petite maison qui abrite son atelier. Tout en sculptant une poignée pour une lame nouvellement forgée, Yoshihara *sensei* nous raconte les hauts faits de sa carrière jalonnée d'honneurs. Entre autres choses, on l'a chargé de fabriquer 12 *katana* sacrés pour le grand temple d'Ise, l'un des joyaux du patrimoine japonais.

Yoshihara *sensei* raconte qu'avant l'abolition de la classe des samouraïs, l'épée était le symbole fondamental des guerriers japonais. Même le maître armurier qui fabriquait les *katana* n'avait pas le droit d'en porter un. Pour les samouraïs, l'épée, me dit le maître, était une arme, mais aussi l'expression de leur statut et le symbole fondamental de leur âme.

Nous le suivons dans sa forge. Là, aidé de deux apprentis, son fils martèle une lame chauffée à blanc. Yoshihara *sensei* dit que dans les temps anciens, la quête de perfection propre au *budo* était étroitement liée au *nihonto,* l'art de la fabrication des épées. Dans cette « voie de la lame », tous les aspects de la fabrication étaient régis par des règles strictes. Par exemple, l'artisan devait choisir certains types de feuilles de métal pour forger ses lames ; il lui fallait porter le *hakama* en travaillant et il devait réaliser la finition de ses lames pieds nus.

La fabrication d'une épée nécessite la participation de quatre maîtres artisans : le forgeron, le polisseur, celui qui fabrique le fourreau et un dernier qui façonne la poignée. C'est assurément cette collaboration qui fait du *katana* une véritable œuvre d'art. Tout au long de mes années d'entraînement, on m'a souvent répété que le *katana* est l'extension du *ki,* de l'énergie vitale. Ma visite à l'atelier de Yoshihara *sensei* m'a permis de voir comment le maître artisan s'y prend pour insuffler une âme à de simples feuilles de métal.

Yoshihara *sensei* nous révèle ensuite un détail fascinant quoique morbide concernant la tradition du fabricant de *katana.* Dégainant une vieille épée, il nous montre plusieurs symboles qui ont été gravés sur la lame tout près de la poignée. Ces symboles, dit-il, informent l'acheteur sur la manière dont la lame a été testée une fois forgée. Par exemple, pour tester l'une de ces épées, on avait tranché deux torses humains ! Traditionnellement, on utilisait les corps de guerriers fraîchement tués sur le champ de bataille ou même des prisonniers vivants pour éprouver la solidité et le tranchant d'une lame. Le nombre de symboles gravés dans la lame indiquait le nombre de fois où celle-ci avait été testée. Plus ces symboles étaient nombreux, plus grande était la valeur de l'arme. Les lames sont aujourd'hui testées sur des ballots de paille ficelés ensemble. Ouf ! ça me rassure.

Le *katana* du samouraï :
beauté et puissance,
respect et terreur

saito sensei LE DISCIPLINÉ

Après une semaine d'entraînement à Tokyo, il est temps de passer à l'étape suivante de notre périple : le dojo Aiki Ibaraki et Saito *sensei* à qui nous demanderons de nous accepter comme élèves résidants. Si nous sommes admis, nous allons suivre un entraînement qui va nous pousser jusqu'au bout de nos capacités.

C'est Kanai *sensei* qui m'a parlé de Saito *sensei*. À sa mort, en 1969, O'*Sensei* a confié la garde du temple Aiki et du dojo à Saito *sensei* père en reconnaissance de son dévouement. À la mort de Saito *sensei* père, quelques mois avant notre passage, Saito Hitohiro fils a pris la direction du dojo. Saito père et fils avaient tous deux eu la chance de profiter des enseignements de O'*Sensei*.

Le dojo Aiki Ibaraki est tout près de la gare. Le terrain qui entoure le dojo est vaste et bien entretenu. Il y a ici suffisamment de terrain pour l'entraînement aux armes. On m'a avertie que Saito *sensei* est un maître extrêmement strict. Peu après notre arrivée, la *uchi-deshi* en chef nous montre une liste de règlements à observer. Difficile de ne pas se soumettre :

cette liste est placardée sur presque tous les murs du dojo. La tradition veut que les élèves servent le *sensei* et lui obéissent au doigt et à l'œil, qu'ils s'entraînent plusieurs heures par jour et fassent le ménage. Les corvées sont fréquentes et exigeantes.

J'ai pris le risque de venir ici sans ma lettre de recommandation en main ; or, ma première rencontre avec Saito *sensei* se passe plutôt mal. Costaud et trapu, le *sensei* donne une impression de force contenue ; son visage dur et inexpressif ne laisse transparaître aucune émotion. On sent qu'il n'est pas homme à tolérer les erreurs. Tout au long de notre entretien, l'atmosphère est tendue. Je n'aurais décidément pas dû me présenter devant lui sans lettre. Au point où nous en sommes, je m'estimerais heureuse qu'il daigne envisager notre admission. Visiblement dégoûté, Saito *sensei* nous invite à nous retirer, après quoi Guillermo et moi sommes laissés à nous-mêmes pendant plusieurs heures. Nous restons assis à attendre dans l'incertitude, sans même savoir si le *sensei* répondra à notre requête. Mon propre *sensei* a déjà attendu pendant trois semaines sur le palier de Hombu avant que O'Sensei l'accepte comme *uchi-deshi*. J'espère que Saito *sensei* ne nous réserve pas un sort semblable.

La *uchi-deshi* en chef finit par venir nous chercher. À sa mine contrariée, je déduis que notre requête a été rejetée. Puis, à ma grande surprise, Saito *sensei* nous annonce que nous sommes acceptés ! Nous concluons l'accord en laissant l'empreinte de notre index à l'encre rouge sur le formulaire d'admission. Autrefois, c'est avec notre sang que le pacte aurait été signé.

Nous passons la nuit sur le tatami du dojo. Le lendemain, la journée commence très tôt. De 5 h à 6 h du matin, je dois m'acquitter de diverses corvées. Tout de suite après, je dois me rendre *subito presto* à la première séance d'entraînement de la journée. Il y aura plusieurs autres classes dans le courant de la journée.

Au dojo Aiki Ibaraki, l'entraînement débute chaque jour par une classe de *bokken*. En travaillant avec cette épée de bois, je saisis à quel point les mouvements amples et circulaires de l'aïkido sont conçus pour en éviter les coups. Le *bokken* m'aide aussi à comprendre les techniques complexes qui s'appliquent sur les articulations des poignets et des coudes et les techniques qu'on utilise pour désarmer un adversaire armé d'un couteau ou d'une épée.

Entraînement au *jo*, bâton moyen qui servait de bâton de marche à l'origine.

Dojo Aiki Ibaraki à Iwama, refuge de O'*Sensei* à la fin de sa vie.

Aussitôt l'entraînement terminé, il faut nettoyer le terrain. Les élèves ramassent les feuilles mortes et replacent chaque caillou pour faire de la cour avant du temple Aiki un véritable jardin zen. Nous imitons les autres élèves du mieux que nous pouvons, mais Guillermo apprend très vite qu'il y a ici une façon bien précise de manier le râteau : pendant qu'il s'active, Saito *sensei*, imposant et silencieux, s'approche de lui, s'empare de son râteau et lui montre LA façon de faire.

Après le déjeuner et les corvées qui suivent, nous avons droit à un cours de *jo*. Le *jo* est un simple bâton servant à améliorer le synchronisme, la concentration et la mémoire musculaire, capacités indispensables en aïkido. L'entraînement, basé sur des katas, est intéressant et très rigoureux. Durant mes années de pratique, j'ai connu plusieurs *sensei* exigeants, mais aucun n'a été aussi strict que Saito *sensei*. Ici, l'expression personnelle n'a pas sa place ; il faut écouter, puis obéir. Quelques jours après notre arrivée, la *uchi-deshi* en chef nous annonce que nous devons faire un *tamagushi,* une offrande. Quelques minutes à peine avant la séance d'entraînement suivante, nous nous précipitons au magasin général pour acheter des enveloppes de *tamagushi* spéciales. Cela fait apparemment partie de l'étiquette du dojo.

De retour au dojo, la *uchi-deshi* en chef m'apprend que je n'ai pas employé la bonne calligraphie sur les enveloppes et ajoute que je dois offrir deux bouteilles de saké à Saito *sensei*. C'est au pas de course que Guillermo et moi retournons au magasin. Nous choisissons deux élégantes bouteilles d'un saké qui nous semble de très bonne qualité avant de retourner au dojo en vitesse pour apprendre que nous avons commis une nouvelle bévue. Furieuse, la *uchi-deshi* en chef déclare que nos bouteilles ne sont pas de la taille voulue. Bien que choisis avec le plus grand soin, nos présents n'ont suscité qu'exaspération et déception.

Les interruptions sont rares au Aiki Ibaraki. Le moins que l'on puisse dire, c'est que la vie est spartiate. Bien entendu, Saito *sensei* change

Purification rituelle autrefois pratiquée par les moines et les guerriers.

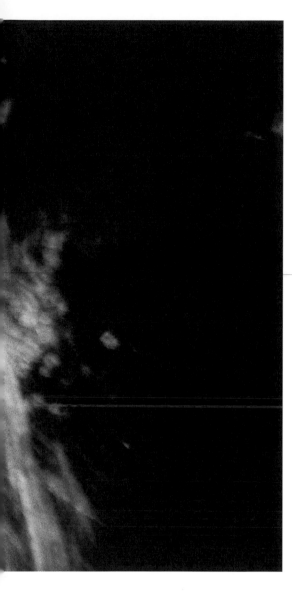

> ⌈Debout devant l'autel du ciel
> et de la terre, je suis en parfaite
> harmonie avec le divin⌋
>
> *O'Sensei*

l'emploi du temps de façon arbitraire pour nous tenir sur le qui-vive. Ici, les seules constantes sont l'entraînement et les corrections qui s'appliquent à la moindre erreur. Je me sens un peu découragée. J'ai l'impression d'être incapable de faire quoi que ce soit correctement. Guillermo partage mon sentiment, ce qui m'amène à me demander si la frustration que nous ressentons ainsi que notre capacité et notre manière de la surmonter font partie de notre apprentissage du *budo*.

Puis, un beau matin, Saito *sensei* décide de nous inviter à la chute que O'*Sensei* visitait quotidiennement quand il séjournait à Iwama. L'invitation est d'autant plus inattendue que Saito *sensei* se montre généralement froid et distant.

La chute est à une courte distance à pied. Une fois sur les lieux, en grand silence, nous regardons Saito *sensei* se mettre torse nu et nouer autour de sa tête un bandeau arborant le blason de sa famille. Il commence par se balancer d'avant en arrière en scandant des sons et des chants rituels, puis il se place sous l'eau de la chute. Cette purification religieuse du corps et de l'esprit était autrefois pratiquée par les moines et les guerriers. Immergé jusqu'aux genoux, malgré la pression de la chute d'eau qui s'abat sur ses épaules, Saito *sensei* reste parfaitement immobile, abîmé dans un recueillement profond.

Une fois sa prière terminée, Saito *sensei* sort de l'eau, nous adresse un bref salut et disparaît. Guillermo m'enjoint alors de tenter l'expérience. L'idée ne m'emballe pas. La dimension spirituelle du rituel me met mal à l'aise, j'ai peur de faire une autre gaffe. Je finis par accepter, alors Guillermo et moi répétons les chants préliminaires de Saito *sensei*, après quoi à l'eau ! Je m'efforce de rester le plus longtemps possible sous le jet glacé, mais je suis consciente que la spiritualité du rite m'échappe. Je ne sens que les roches pointues sous mes pieds et l'eau glaciale.

Mon temps dans ce dojo tire à sa fin et j'ai compris une chose : le *budo* ne relève pas de l'intellect et ne peut pas s'obtenir en un seul jour. Il ne suffit pas non plus de se plier machinalement à une discipline d'enfer pour y accéder.

yamada sensei L'ÉMISSAIRE

J'ai fait la connaissance de Yamada Yoshimitsu il y a près de 30 ans et je l'ai revu à de nombreuses reprises au fil des ans. Ceinture noire 8e dan en aïkido et instructeur en chef à l'Aikikai de New York, Yamada *sensei* a été *uchi-deshi* sous O'*Sensei* pendant plus de 10 ans. Il a également été le premier disciple choisi par le fils du fondateur pour quitter le Japon en permanence afin de promouvoir l'aïkido en Amérique du Nord. À la fois vif et costaud, Yamada est l'un des *sensei* les plus charismatiques de l'aïkido. Son sens de la fête et de la convivialité est aussi aigu que son sens de l'entraînement. Il tient beaucoup à ce que chaque étudiant avancé s'approprie les techniques avec créativité, dans un esprit de liberté, ce qui en fait le favori de bien des étudiants à travers le monde. L'aïkido n'aurait sûrement pas pu trouver meilleur émissaire.

À l'aéroport, pépin. Un avion est déjà arrivé de New York, mais nulle trace de Yamada *sensei*. Je suis très inquiète. Si nous avons raté son arrivée, nous sommes dans de beaux draps ! Quelques coups de téléphone plus tard, le mystère est élucidé : l'avion de Yamada *sensei* est sur le point d'atterrir, mais dans un autre terminal. Nous nous y rendons au pas de course et arrivons juste à temps. Quel soulagement ! Bien que je connaisse Yamada *sensei* depuis près de 30 ans, nos rapports demeurent strictement définis : il est le maître et moi, l'élève. Et cela est d'autant plus vrai au pays du Soleil-Levant. Le faire attendre aurait été un manque de respect impardonnable. Au point que, malgré deux ans de préparation, il aurait pu décider de tout laisser tomber.

doshu L'HÉRITIER

Quelques jours plus tard, Yamada *sensei* obtient un entretien auprès de *Doshu*, tête dirigeante de l'aïkido et petit-fils du fondateur. En route vers Hombu, quartier général mondial de l'aïkido, *sensei* me résume le parcours de *Doshu*. Ueshiba Moriteru, maintenant dans la cinquantaine, est à la tête de Hombu depuis 1986. À la mort de son père en 1999, il hérite du titre de *Doshu*, ou chef, et accède à la présidence permanente de l'International Aikido Federation, organisation qui compte aujourd'hui plusieurs milliers de membres à travers le monde. Rencontrer *Doshu* est une chance unique pour tout aïkidoiste.

Hombu, dernier étage du bureau de *Doshu*, Yamada *sensei* fait les présentations. Mince et grisonnant, *Doshu* est un homme à la fois taciturne et décontracté. Son anglais est très approximatif, aussi suis-je heureuse de la présence de Yamada, qui sert d'interprète. Bien qu'il soit son subordonné, Yamada *sensei* a pour *Doshu* un surnom affectueux : *waka sensei*, qui veut dire « jeune *sensei* – the Kid ». Yamada *sensei* sait pouvoir se le permettre sans manquer de respect parce qu'il s'est occupé de *Doshu* enfant.

Quand je demande à *Doshu* de me parler de son grand-père, O'*Sensei*, il me montre plusieurs photos de celui-ci et me révèle que O'*Sensei* avait déjà étudié plusieurs systèmes de combat traditionnels quand, s'appuyant sur sa vaste expérience, son esprit visionnaire, sa recherche spirituelle et son savoir, il a peu à peu développé les techniques innovatrices de l'aïkido. C'est *Doshu* père qui amorcera la diffusion de l'art hors du Japon. *Doshu* ajoute qu'il s'est donné lui-même pour mission de continuer à répandre l'aïkido dans le monde entier, à en gérer la croissance sans mettre en péril la tradition et la pensée de O'*Sensei*.

Tôt le lendemain matin, Guillermo et moi participons à une classe donnée par *Doshu*. Nous sommes très étonnés d'apprendre que plusieurs

« L'aïkido est le seul art martial
dont la hiérarchie repose sur
un système héréditaire
et non pas méritoire »

des vigoureux aïkidoistes présents ont plus de 80 ans. En plus de suivre des cours, la grande majorité des aïkidoistes participent régulièrement à des séminaires. L'aïkido étant un art purement défensif, ses adeptes ne peuvent pas s'affronter dans des compétitions. Les séminaires permettent de s'évaluer, de se mesurer à de nouveaux partenaires, de revoir les techniques et, puisque ces événements durent tout un week-end, du matin jusqu'au soir, ils éprouvent toujours l'endurance. Stimulant mais épuisant.

S'entraîner à Hombu, sous la direction de l'âme dirigeante de l'aïkido dans une mer de ceintures noires, est une expérience affolante. Il y a sur le tatami un très haut niveau d'énergie. *Doshu* fait la démonstration d'une technique, puis la classe se divise en groupes de deux pour l'exécuter. Mon *uke* attaque avec énergie et oppose assez de résistance pour me permettre de travailler ma technique. C'est cela, être un excellent *uke*.

Yamada *sensei*, Guillermo et moi quitterons Tokyo dans quelques jours. Avant notre départ, *Doshu*

me fait l'honneur de m'emmener à une cérémonie du thé. L'étiquette de la cérémonie du thé exige que j'apporte outre des socquettes blanches, un petit couteau et des feuilles de papier destinées à recevoir un gâteau à la pâte d'amande. Le rendez-vous est pris au temple Hosshin-ji. C'est là que l'un des grands maîtres de cette cérémonie, Kobori *sensei*, pratique son art. C'est la première fois depuis son accession au titre de *doshu* que ce dernier revoit son ancien maître de thé. La relation maître - élève qu'ils entretenaient autrefois n'a plus cours, ce qui créera, j'en suis sûre, de la tension pour les deux. À l'époque des samouraïs, la cérémonie du thé était une discipline spirituelle importante du *budo*. Le souci du détail dont est empreinte la cérémonie renvoie à une quête d'excellence, et ce, même dans les gestes les plus humbles. À la fois simple et extrêmement rigoureuse, la cérémonie du thé a d'abord été une façon d'exhiber des ustensiles coûteux, des plats d'argent ou de jade. Mais dans les temples zen du XVIe siècle, la cérémonie a trouvé une vocation nouvelle et a été rebaptisée *wabi*, qui signifie « simplicité » ou « absence d'ornement ».

Jusqu'à aujourd'hui la cérémonie a conservé ses quatre préceptes originaux : paix, respect, pureté et tranquillité. Agenouillé devant nous sur le tatami, Kobori *sensei* amorce lentement le rituel. Ses gestes sont précis, raffinés. La moindre erreur prendrait des proportions

démesurées. Une assistante en kimono dispose un petit éventail entre le maître et nous, geste symbolique datant de l'époque des samouraïs qui a pour but de créer une démarcation entre l'hôte et ses invités.

Parfaitement immobiles, nos mains sur nos cuisses, *Doshu* et moi faisons face au *sensei*. Je ne peux pas m'empêcher de retenir mon souffle en regardant Kobori *sensei* déposer l'eau et faire mousser d'infimes quantités de thé. Dans cette atmosphère incroyablement tendue, nous observons un silence absolu. Le seul son audible est le bruissement du kimono de l'assistante. La cérémonie du thé est certes fascinante à observer, mais difficile à vivre avec simplicité.

les pèlerins DES KUMANO

Le moment attendu arrive enfin : Yamada *sensei*, Guillermo et moi quittons Tokyo et amorçons notre pèlerinage aux montagnes Kumano. À l'instar des samouraïs, O'*Sensei* vénérait cette région considérée comme la terre sainte du Japon. Ce retour aux racines spirituelles de l'aïkido m'aidera peut-être à comprendre ce qu'est véritablement le *budo*. En chemin, je projette de visiter l'un des premiers disciples de O'*Sensei*, le maître 10e dan Hikitsuchi *sensei*. On m'a cependant prévenue qu'il serait peut-être trop malade pour nous recevoir.

Après huit heures de route, nous nous arrêtons au Grand Temple d'Ise, l'un des temples les plus visités du Japon. Je suis complètement séduite par une anecdote qui résume bien la « voie » japonaise : tous les 20 ans, ce bâtiment sacré est démoli puis rebâti afin d'assurer la perpétuation des façons de faire traditionnelles des divers corps de métier.

C'est durant cette courte halte que je tente une seconde fois d'accomplir un rituel de purification. Après ma fâcheuse expérience chez Saito *sensei*, c'est réconfortant d'être avec Yamada *sensei*. Depuis les temps anciens, les pèlerins viennent ici pour purifier leur corps et leur esprit en se lavant les mains et en se rinçant la bouche dans les eaux de la rivière sacrée Isuzu qui longe le site du temple. Bien que l'endroit grouille de visiteurs, par sa simplicité, le temple m'insuffle un sentiment de paix et de tranquillité.

À l'entrée, nous rencontrons un vendeur de poupées Daruma. Yamada *sensei* en achète une et me l'offre avec un grand sourire de satisfaction. Cette poupée est inspirée d'un moine bouddhiste indien qu'on appelait Bodhidharma en Chine et Daruma au Japon. Selon la légende, il aurait perdu l'usage de ses membres après avoir passé neuf ans à méditer en position assise. Symbole de persévérance et de triomphe face à l'adversité et au malheur, cette poupée ronde au fond lesté se relève toujours quand on la pousse. Traditionnellement, on offre la Daruma pour apporter chance et protection à quiconque se lance dans un nouveau projet.

Poupée Daruma, mode d'emploi : faire un vœu tout en peignant en noir l'œil droit de la poupée ; si le vœu est exaucé, peindre alors l'œil gauche.

⌈Le vrai guerrier est toujours armé de trois choses :
l'épée radieuse de la pacification ;
le miroir de la bravoure, de la sagesse et de l'amitié ;
et le précieux bijou de l'édification⌋

O'Sensei

Jour de fête au grand temple d'Ise.

hikitsuchi sensei LE TÉMOIN VIVANT

Après la visite du temple, nous reprenons la route vers le village de Shingu pour y rencontrer Hikitsuchi *sensei*, le vieux maître du dojo Aïki Kumano fondé en 1947. Nous nous arrêtons à plusieurs reprises pour téléphoner, mais les nouvelles sont plutôt mauvaises : alité depuis un an, le vénérable *sensei* n'aura sans doute pas la force de nous recevoir. Nous décidons tout de même de passer le voir, ne serait-ce que pour lui présenter nos respects.

La route longe la côte escarpée de la péninsule et offre de spectaculaires points de vue. En cours de route, nous tentons de nous faire à l'idée que nous ne pourrons sans doute pas rencontrer Hikitsuchi *sensei*. En arrivant au dojo Aïki Kumano, nous sommes résignés, et c'est avec étonnement que nous apprenons que le maître a quitté son lit et qu'il nous attend, en *hakama* blanc, dans un petit bureau adjacent au dojo.

Bien sûr, ce que je veux, c'est en apprendre un peu plus sur O'*Sensei*. Le vieux maître a l'obligeance de m'accommoder. Tout en me racontant sa vie d'aïkidoiste, il me montre des albums remplis de photos de lui et de O'*Sensei*. Né près de Shingu en 1923, Michio Hikitsuchi rencontre O'*Sensei* à l'âge de 14 ans. Bien qu'à cette époque seuls les adultes sont autorisés à apprendre l'aïkido, O'*Sensei* reconnaît le sérieux de Hikitsuchi et lui dit : « Tu es né pour découvrir l'esprit du *budo*. Tu dois donc étudier l'aïkido. » Hikitsuchi *sensei* reçoit son 10e dan en 1969 – un honneur que O'*Sensei* n'accordera qu'à deux reprises.

Je m'estime très chanceuse de pouvoir parler avec un des derniers témoins vivants de la vie du fondateur. Hikitsuchi me raconte que c'est son lien spirituel avec la nature qui a poussé le maître à ouvrir ce dojo d'aïkido dans les montagnes Kumano. Tandis que nous continuons

de regarder des photos, Hikitsuchi *sensei* m'explique ce qu'est l'aïkido pour lui. Le message qu'il me transmet en est un de paix et d'amour. Selon le maître, l'esprit du *budo,* indissociable de l'aïkido, doit être au service de l'harmonie et non pour faire du tort à autrui. Plus tard dans la journée, nous assistons à un cours au dojo. Je ne peux pas m'empêcher de sourire en voyant la réaction des élèves qui sont en état de choc. Hikitsuchi *sensei* n'a pas mis les pieds au dojo depuis plus de deux ans et le voici qui enseigne ! Agenouillé, il parle à ses élèves pendant plusieurs minutes, puis se lève et nous démontre quelques techniques. Étant donné sa fragilité évidente, j'ai peur qu'il s'effondre à tout moment !

À l'ordre du jour, il y a une pratique de style libre à plusieurs attaquants. Quand vient mon tour, je me retrouve entourée d'élèves qui m'attaquent à tour de rôle. Je dois me concentrer, rester fluide, faire preuve d'inventivité, être en action et non pas en réaction, comme lors d'un vrai combat. J'adore ce type d'entraînement. Je suis vraiment contente que nous soyons venus ici. Entre deux classes, Guillermo et moi allons courir dans les montagnes avoisinantes. Au sommet d'une crête, il y a un petit temple shinto qui offre une vue spectaculaire de la vallée en contrebas. J'y reviendrai plusieurs fois avant mon départ. Les montagnes Kumano me font réfléchir à tout ce que j'essaie d'accomplir par ce pèlerinage. Je pense comprendre pourquoi les samouraïs et O'*Sensei* venaient ici. La solitude qu'on y trouve prodigue temps et espace pour méditer sur les enjeux de la vie et le mystère qu'est la mort.

> [Apprends, apprends sans cesse
> de la voie pure du torrent dont
> l'eau cristalline frappe les rochers
> avec constance]
>
> *O'Sensei*

o'sensei L'EAU QUI COULE

Nous faisons nos adieux au vénérable Hikitsuchi *sensei* et reprenons la route. Notre destination : les chutes Nachi. Pendant que nous roulons, Yamada *sensei* discourt sur l'influence des samouraïs sur la culture japonaise en général et les arts martiaux en particulier. Encore aujourd'hui, l'ancien mode de vie des samouraïs a des résonances dans la vie quotidienne des Japonais : l'obsession de la propreté ; la sobriété vestimentaire ; l'extrême courtoisie ; le très grand respect de l'autorité et le devoir de s'occuper des gens qui sont sous notre responsabilité.

Yamada *sensei* a mentionné le rapport particulier que les samouraïs entretenaient avec les chutes Nachi, mais cela ne m'a pas préparée à cette vision fabuleuse que sont les chutes elles-mêmes, ni aux émotions qu'elles font naître en moi.

À notre arrivée, l'endroit est désert. Il commence à pleuvoir. Après une courte randonnée à travers la forêt dense, nous débouchons directement sous ces chutes imposantes. L'air est si saturé d'embruns qu'il est impossible de dire s'il pleut encore ou non. Je ne m'aperçois même pas que je suis trempée jusqu'aux os. Dire que jadis les samouraïs venaient ici pour exécuter leurs rituels de purification ! L'endroit a quelque chose de mystérieux. Au-dessus de nos têtes, les arbres semblent flotter dans un océan de brume. Les anciens rituels de purification exigeaient de se tenir directement au pied des chutes, mais on les a maintenant interdits parce que trop dangereux. À une autre époque, les pèlerins venaient en grand nombre s'immerger dans ces eaux bouillonnantes, car les chutes Nachi sont considérées comme l'incarnation d'une divinité. Le simple fait d'être ici est pour moi une expérience étrange et très particulière. Je fixe ce torrent

en imaginant que j'aperçois les milliers de guerriers qui résistent à la pression de la chute en demandant à leur dieu de leur accorder force et courage.

Des chutes Nachi, nous nous rendons à Tanabe, au pied des montagnes Kumano. Dernière étape de notre pèlerinage, Tanabe est le lieu de naissance de O'*Sensei* ainsi que l'endroit où il a fini ses jours. Guillermo, Yamada *sensei* et moi allons au temple Kozanji pour rendre hommage à ce grand maître.

Je me souviens d'un film que j'ai vu quand j'étais une aïkidoiste débutante : à l'écran, un vieil homme – O'*Sensei* – projetait au sol une série d'attaquants armés sans effort apparent, en bougeant à peine. Trente ans plus tard, ces images continuent de m'inspirer. J'ignore quels sentiments me poussent, mais je suis venue visiter sa tombe. Dans la plus pure tradition japonaise, nous nettoyons sa sépulture, un geste qui exprime le sentiment de devoir des Japonais envers leurs défunts. Ce n'est ni ma culture ni ma tradition, mais je le fais du plus profond de mon cœur. O'*Sensei* était un homme très religieux qui croyait profondément en la paix et l'harmonie. Je trouve juste qu'il repose aujourd'hui dans ce cimetière paisible. En réponse à la violence, il a fait de l'aïkido un art martial non compétitif. Bouleversé par les bombardements d'Hiroshima et de Nagasaki, O'*Sensei* croyait que l'harmonie et la non-agression étaient les seules voies valables. L'art martial qu'il a créé, l'aïkido, ne comprend aucune technique agressive ou offensive, ce qui en fait véritablement l'art martial de l'amour universel.

L'aïkido est l'aboutissement de l'impérieux désir de paix et d'harmonie d'un grand maître qui s'est efforcé de passer le flambeau à des disciples. Chacun à sa manière, ces disciples ont su entretenir et propager la flamme. *Doshu*, l'héritier ; Hikitsuchi, le témoin vivant ; Saito, l'homme de fer ; et Yamada, l'émissaire : ces *sensei* et plusieurs autres de par le monde travaillent à préserver l'héritage de O'*Sensei* et veillent à conserver intacte l'essence de l'aïkido en aidant tous les aïkidoistes, indépendamment de leur âge, de leur culture ou de leur sexe, à atteindre un état où corps et esprit fusionnent dans l'esprit du *budo*. Il m'a parfois été difficile d'intégrer une étiquette si éloignée de mes règles de vie. L'évidence est que je ne suis pas japonaise et ne le serai jamais. Pour comprendre le *budo* et le vivre, je dois l'adapter à ma propre culture, dans le respect de la culture dont il est issu. C'est ce que j'ai appris de l'exemple de ces grands maîtres.

biographies des MAÎTRES

Dan Inosanto a commencé à s'entraîner dès l'âge de 10 ans. Aujourd'hui, il cumule plus de 50 années d'expérience dans divers arts martiaux et est considéré comme une autorité en concepts *jun fan gung fu* et *jeet kune do*. Il a enseigné l'éducation physique en Californie avant de devenir instructeur en arts martiaux. De 1957 à 1959, *guro* Dan s'est entraîné en judo, puis il est entré au service de la 101ᵉ Airborne Division. En 1961, il a commencé à s'entraîner au karaté kenpo avec Ed Parker. Celui-ci l'a initié à divers systèmes philippins et, en 1964, il l'a chargé de s'occuper de *sifu* Bruce Lee pendant quelques jours. Cette rencontre a ouvert la voie à une grande amitié. Au fil du temps, *guro* Dan a enseigné le *muay thaï*. Il a aussi travaillé comme cascadeur ou entraîneur pour diverses productions destinées au cinéma ou à la télévision. Il a plusieurs vidéos et livres à son actif. Le milieu des arts martiaux le considère comme une autorité.

MAÎTRES DE LA CAPOEIRA

Ubirajara (Bira) Almeida, dit « Acordeon », est né en 1943 à Salvador de Bahia. Il fait partie des 10 *mestre* qui ont obtenu leur diplôme après avoir été formés sous la supervision de *mestre* Bimba. Il a commencé à enseigner en 1959 et, au cours des années suivantes, il a fondé plusieurs écoles au Brésil. En 1964, il a créé le Grupo Folcatrico de Bahia, une troupe qui a donné des spectacles partout au pays et a contribué à la renaissance de la *capoeira* à Rio de Janeiro et à Sao Paulo. De 1969 à 1976, il a remporté quatre fois le championnat national de *capoeira*. *Mestre* Acordeon a introduit la *capoeira* sur la côte ouest des États-Unis en 1980. Il jouit d'une excellente réputation en tant que musicien traditionnel et a écrit plusieurs pièces en plus du livre intitulé *Capoeira : A Brazilian Art Form*, une des références de langue anglaise les plus importantes sur le sujet.

Manoel Nascimento Machado, dit « Nenel Bimba », est le fils du célèbre *mestre* Bimba et le fondateur de l'école Filhos de Bimba, Escola de Capoeira, située à Salvador de Bahia. Homme au physique imposant et à la voix douce, il perpétue l'œuvre de son père en *capoeira regional* et enseigne dans l'ancienne plantation où celui-ci a vécu et enseigné dans le district de Pelourinho. *Mestre* Nenel voyage à travers le monde pour transmettre l'enseignement original de la *capoeira regional*. De sa grande passion, il dit : « Cela peut prendre cinq minutes pour apprendre la *capoeira* ou bien toute une vie. Et si cela prend toute une vie, alors c'est que la *capoiera* devient la vie de celui qui l'apprend. »

Vivaldo Rodrigues Conceicao, dit « Boa Gente », est né en 1945 à Bahia. Il a commencé à pratiquer la *capoeira* à l'âge de 11 ans, après avoir vu un spectacle de *mestre* João Grande et João Pequeno. C'est *mestre* Antonio Cabeceiro qui l'a initié à la *capoeira* lors de séances d'entraînement informelles menées dans les rues. Boa Gente a ensuite étudié pendant plusieurs années à l'école de *capoeira angola* de *mestre* Gato à Mirante do Calabar. En 1974, il était le champion de *capoeira* en style libre de Bahia. Il s'est entraîné à l'académie de *mestre*, Bimba jusqu'en 1981, date à laquelle il a fondé sa propre école, la Mestre Boa Gente's Capoeira Association. Il s'est ensuite consacré au travail social et a intégré la *capoeira* dans ses nombreux efforts pour améliorer le sort des enfants défavorisés de Bahia. Après avoir enseigné pendant 17 ans à la Sao Paulo Capoeira School, il voyage au Brésil, aux États-Unis et en Europe pour enseigner son art et mettre sur pied des cours destinés aux enfants.

Jorge Egidio dos Santos, dit « Jogo Da Dentro », est né en 1965 à Bahia. Inspiré par les acrobaties de son frère aîné dans les *roda*, il a commencé à pratiquer la *capoeira* à l'âge de 10 ans et, quelques années plus tard, il est devenu l'élève assidu de *mestre* Pequeno. Après 12 ans d'entraînement intense, il a aidé son *mestre* à ouvrir la première école de *capoeira angola*, l'Academia João Pequeno de Pastinha e Centro Esportivo de Capoeira Angola. Peu de temps après avoir été nommé *contra-mestre* en 1990, il a déménagé à Sao Paulo afin d'ouvrir sa propre école, la Semento Do Jogo de Angola. Il a reçu le titre officiel de *mestre* en 1994. *Mestre* Da Dentro a contribué à faire connaître la *capoeira angola* dans son pays et à l'étranger en ouvrant des écoles et en donnant des conférences. Il a endisqué plusieurs chansons traditionnelles de *capoeira angola* et continue aujourd'hui d'enseigner et de voyager à travers le monde.

João Pereira Dos Santos, dit « João Pequeno », a été l'élève de *mestre* Pastinha, le père de la *capoeira angola* contemporaine. Il a commencé à s'entraîner lorsque les écoles officielles de *capoeira* étaient encore chose rare au Brésil et a été désigné comme l'un des deux héritiers du grand *mestre*. Après la mort de Pastinha, il a ouvert sa propre école à Fort San Antonio. Bien qu'il soit vénéré dans son milieu, son école a toujours fonctionné avec peu ou pas d'argent ; lui et ses élèves squattent techniquement depuis plus de 20 ans le terrain qui est la propriété du gouvernement. Malgré cette situation financière précaire, des élèves viennent de partout au pays pour étudier avec le maître et prendre part aux célèbres *roda* organisées par l'école le dimanche. Aujourd'hui âgé de 84 ans, il continue de voyager à travers le monde pour enseigner l'art martial qui le passionne. Récemment, l'université de Salvador lui a remis un doctorat honorifique pour sa contribution à la *capoeira*.

MAÎTRES DU MUAY THAÏ

Surachai Sirisute, dit « Chai », est né en 1948 à Bangkok. Il a commencé à s'entraîner à l'âge de sept ans dans un camp de boxe et a obtenu une ceinture noire en karaté à l'âge record de 12 ans. C'est à cet âge qu'il a commencé à pratiquer le *muay thaï* sur une base professionnelle. Il participera à 72 combats. En 1968, il a déménagé aux États-Unis afin de faire connaître le *muay thaï* en Amérique du Nord, où la discipline était inconnue, à toutes fins utiles. À cette époque, plusieurs curieux voulaient tester la boxe thaïlandaise ou prouver la supériorité de leur style. *Ajarn* Chai a maintenant des écoles dans plus de 14 pays et il a fondé la Thai Boxing Association of the US.

Kridagorn Sodprasert, dit « Lek », est né en 1957. Il a commencé à s'entraîner au *muay thaï* à l'âge de 12 ans. Un jour, après avoir lu un article de magazine qui parlait du maître de boxe thaïlandaise *baramajarn* Kaet Sriyapai, il décide de le rencontrer. Impressionné, il a commencé à étudier le *muay chaiya*, une forme ancienne de *muay thaï*. À l'âge de 18 ans, *khru* Lek est entré au collège pour y poursuivre des études en arts et il a délaissé les arts martiaux. En 1982, alors qu'on lui avait demandé de créer des caractères ritualistes sur le corps d'un boxeur de *muay thaï*, il fait la rencontre de *khru* Tonglor Ya-le, un élève adoré de *baramajarn* Kaet. *Khru* Lek devient alors son élève et recommence à s'entraîner.

Apidej Sit-Hirun, dit « le roi du coup de pied », habitait un petit village et rêvait de faire carrière en *muay thaï*. Il était loin d'imaginer qu'il serait un jour reconnu comme le Mohammed Ali de cet art martial. Il n'a suffi que de quelques combats pour que le nom du jeune boxeur commence à circuler dans le milieu. On parlait plus particulièrement de ses coups de pied violents et puissants. Toutefois, plusieurs doutaient de son endurance et de sa détermination et lui prédisaient une courte carrière. La puissance extraordinaire des coups de pied d'Apidej détonnait avec sa personnalité timide et réservée. Un grand nombre d'entraîneurs, de critiques et de boxeurs ont tenté d'analyser la source de cette puissance, mais personne n'a réussi à la reproduire, pas même le fils d'Apidej. Avec un palmarès de 350 combats et 7 titres, un record qui n'a toujours pas été battu, il a pris sa retraite à l'âge avancé de 37 ans. Aujourd'hui âgé de 60 ans, Apidej est entraîneur en chef au camp Fairtex.

Manote Boonyamud est né en 1959 près du temple bouddhiste Wat Phrasrirattana-Mahatat. Comme c'était un enfant maladif, son oncle l'a envoyé vivre au temple dans l'espoir d'améliorer ses perspectives d'avenir. Peu de temps après son arrivée au temple, il a commencé à étudier le *krabi krabong*. À l'époque où il est entré à l'école secondaire, sa notoriété était telle qu'il enseignait déjà sa discipline. Lorsqu'il a fait la rencontre d'un célèbre maître de *krabi krabong* appelé *ajarn* Suriya, *ajarn* Manote a été très impressionné et a décidé d'étudier avec lui. À partir de 1978, il a poursuivi ses études à l'Université de Ramkamhaeng à Bangkok tout en continuant de s'entraîner au *krabi krabong*. En 1995, *ajarn* Chartchai le sollicite, car il veut étudier le *krabi krabong* et le maniement du sabre *attamard* sous sa supervision, et il réussit à le convaincre de ne pas laisser disparaître ces techniques. C'est à ce moment que le maître commence à accepter des élèves.

MAÎTRES DU KARATÉ

IHA, Koshin était un enfant fragile. Il a commencé à s'entraîner au karaté par respect pour le désir de son père, qui voulait qu'il devienne plus fort et qu'il apprenne à se défendre. Détenteur d'un dixième dan karaté, il est la figure de proue du monde actuel du karaté *goju-ryu* et un ancien élève de Miyagi *sensei*, le fondateur de cette discipline. Comme bien des habitants d'Okinawa, il a dû s'enrôler de force dans l'armée japonaise au début de la Deuxième Guerre mondiale. Une fois la guerre terminée, Iha s'est consacré au karaté et est devenu un maître très respecté, voyageant à travers le monde pour transmettre ses enseignements. Aujourd'hui âgé de 80 ans, il continue d'enseigner et est un grand amateur d'*ikebana*, l'art ancien de l'arrangement floral.

CHINEN, Shinzo est né à Okinawa en 1946. Il a commencé à s'entraîner au karaté sous la supervision de Koshin Iha *sensei*, une des figures de proue du milieu du karaté à Okinawa. Détenteur d'un huitième dan karaté, Chinen *sensei* est champion de katas. Il est arbitre officiel en combats et katas de la All Japan Karate-do Federation. Excellent chef cuisinier, il est propriétaire d'un *isakaya*, un bistro qui est le favori des passionnés de karaté et de *kobudo*.

TAIRA, Masaji est policier à temps plein à Okinawa et travaille souvent sur des missions secrètes. Ce quinquagénaire est membre de l'Okinawa Goju-Ryu Karate-do Association. Il a obtenu son huitième dan en karaté sous la supervision de Miyazato Eiichi, un des premiers élèves de Miyagi *sensei*. Taira *sensei* est reconnu dans les milieux de la police et des arts martiaux pour ses programmes d'entraînement hautement efficaces et il voyage régulièrement aux États-Unis pour entraîner des agents de diverses forces de l'ordre. Policier à Okinawa depuis plus de 30 ans, il est un expert en maniement d'armes blanches.

KINJO, Tsuneo, la quarantaine, est septième dan. Malgré d'énormes responsabilités en tant qu'homme d'affaires, son sens profond du devoir l'a conduit à assumer la direction du dojo Tokumura à la mort de son ancien maître. Membre de la Okinawa Goju-Ryu Karate-do Association, Kinjo *sensei* tente dans ses enseignements de préserver les traditions anciennes du karaté d'Okinawa.

SAKIYAMA, Sogin est né en 1919. Il s'est entraîné au karaté pendant 12 ans sous la supervision de Miyagi *sensei*, fondateur du style *goju-ryu*, avant de devenir moine zen. Aujourd'hui reconnu comme un des plus grands maîtres zen japonais, Sakiyama *roshi* enseigne et habite dans un temple zen près du château Shuri-jo. Là, il passe la plupart de son temps à méditer. Expert en calligraphie, poète, philosophe, il adore débattre des grands sujets de l'heure.

OGIDO, Hiroko, la quarantaine, est une danseuse doublée d'une adepte des arts martiaux. Elle pratique et enseigne l'art du karaté *buyo*, une adaptation des katas du karaté et de la danse traditionnelle d'Okinawa. Chaque soir, elle se produit avec la troupe de danseuses qu'elle a formées. Elle enseigne aussi le *kobudo*, le maniement des armes propre à Okinawa et a dansé dans plusieurs films publicitaires.

Yonnel Kurtz est né en France en 1960 et a découvert la savate en étudiant d'autres arts martiaux. Enfant, il a pris part à des compétitions de judo, jusqu'au jour où il s'est lassé de l'atmosphère hautement compétitive de ce milieu. À l'âge de 20 ans, il a redécouvert le judo et a aussi commencé à s'entraîner au jiu-jitsu, au karaté et à l'aïkido. Il a étudié ces divers arts martiaux pendant 13 ans avant de découvrir la savate. Il est aujourd'hui président du comité départemental de Paris de la Fédération française de savate boxe française et enseigne cette discipline en plus de la canne de combat. Il voyage aussi souvent à l'étranger pour faire connaître la savate, donnant entre six et huit conférences par année. Athlète professionnel déterminé, Yonnel Kurtz a été victime d'une embolie cervicale, ce qui l'a obligé à prendre sa retraite en 2000. Depuis ce jour, il se consacre entièrement à l'enseignement et à la promotion de la savate.

Gilles Le Duigou a commencé sa carrière à l'âge de 18 ans. Il a participé à des combats partout au monde et a remporté le championnat européen de savate boxe française en 1986. Depuis qu'il a pris sa retraite, Le Duigou a entraîné un grand nombre de boxeurs qui ont ensuite gagné le titre de champion. Aujourd'hui âgé de 44 ans, il continue d'entraîner des « tireurs » au club Choisy-Le-Roi et au Centre 16. Il est également membre de la Fédération internationale de savate et voyage à travers le monde pour faire connaître cette discipline.

Robert Paturel est né en 1952 à Rueil-Malmaison en France. Il est considéré comme l'un des plus grands experts en arts martiaux français. Ancien champion de savate, il est aujourd'hui instructeur en chef à la division des opérations spéciales de la police française, aussi connue sous le nom de RAID. Il utilise ses connaissances d'expert en arts martiaux et en boxe française pour enseigner une grande variété de tactiques d'autodéfense et de combats de rue. Il est aussi expert en matière d'armes, de combats réels et de situations de confrontation, allant de la défense contre des attaques verbales ou physiques aux combats et aux compétitions. Il a publié deux livres portant sur l'autodéfense et le combat destinés aux professionnels de la sécurité. Il est marié, père de six enfants, et est aujourd'hui grand-père.

Richard Sylla est né en France en 1959 et a commencé à s'entraîner à la savate à l'âge de 13 ans. Il a remporté le Championnat national de savate boxe française en 1979 ainsi que de nombreux autres titres nationaux au cours des années qui ont suivi et, en 1986, il a remporté le Championnat européen. Reconnu pour son élégance dans l'arène ainsi que pour sa puissance et son agilité, Sylla résume son approche de la savate en un mot : « finesse ». Aujourd'hui marié et père de deux enfants, il est l'entraîneur de l'équipe nationale de savate boxe française à l'Institut national du sport et de l'éducation physique (INSEP), un centre d'entraînement pour les athlètes de très haut niveau qui compte plus de 33 disciplines sportives.

Roger Lafond est né à Paris en 1913. À sept ans, il a commencé à s'entraîner à la savate dans les cafés parisiens avec son père Eugène, ex-champion mondial de savate. À 14 ans, il a étudié l'escrime, la canne de combat et la boxe française. Après ses études, il s'est enrôlé dans l'armée. En 1937, il est entré à la prestigieuse école Joinville (aujourd'hui l'INSEP) et s'est fait remarquer en tant que maître d'escrime et instructeur en arts martiaux. Durant la Deuxième Guerre mondiale, il a passé cinq années en captivité. Après la guerre, se spécialisant en canne de combat, Lafond a entamé une carrière d'instructeur qui durera plus de quatre décennies. Il a reçu de nombreux prix et obtenu une ceinture noire en karaté. Considéré comme le plus grand maître français de la canne de combat, il a créé une variété de nouveaux styles tels que l'autodéfense avec un parapluie. À 90 ans, maître Lafond s'entraîne encore quotidiennement ; sa rapidité et sa dextérité étonnent toujours ceux qui ont le privilège de le voir à l'œuvre.

Bertrand Dubreuil est né à Neuilly-sur-Seine en France en 1958. Enfant, il a étudié la danse, le judo et la savate. À l'âge de 21 ans, il découvre sa passion, soit la canne de combat, qui est considérée comme une discipline connexe de la savate. Cette discipline est pour lui une façon élégante de combiner le côté gracieux de la danse et les techniques de combat des arts martiaux. Huit ans plus tard, il devenait champion national de France. Il a depuis remporté huit titres nationaux et est aujourd'hui président du Comité national de canne de combat et de bâton. Il est aussi un instructeur reconnu et enseigne ce qu'il décrit comme « la poésie de la canne » à une nouvelle génération d'élèves.

C.V. Govindankutty Nair est né à Tellicherry, dans le nord du Kerala, le 27 mars 1930. Il a commencé à s'entraîner au *kalaripayattu* à l'âge de 10 ans. Plus tard, il est devenu *gurukkal* et, à ce titre, il a œuvré dans divers kalari. Le 26 septembre 1958, la première association de *kalari* du Kerala, la Kerala Kalaripayattu Association, a été créée sous sa direction. Au cours des années suivantes, il a dirigé une série mondiale de spectacles et d'ateliers. Pour lui, le *kalaripayattu* est une tradition martiale classique et une forme artistique. Son enseignement a attiré l'attention de plusieurs troupes de théâtre et compagnies de danse internationales. Nombre d'acteurs américains et français ont étudié avec lui. Le Théâtre du soleil d'Ariane Mnouchkine à Paris s'est intéressé à son art et, plus récemment, le Théâtre Zingaro en France. De 1958 à 1965, Govindankutty Nair a été médecin honoraire des *marma* (points vitaux du corps) au Government Ayurveda College à Trivandrum. Govindankutty Nair se concentre maintenant sur l'aspect médicinal et thérapeutique du *kalaripayattu*. Il est le *gurukkal* actuel du *kalari* CVN à Trivandrum.

G. Satyanarayanan est né le 5 juillet 1961. Il a commencé à s'entraîner au *kalaripayattu* à l'âge de 10 ans et s'y est mis à temps plein au CVN Kalari dès l'âge de 18 ans. Il s'est produit en spectacle partout à travers le monde, notamment lors du Festival indien au Royaume-Uni en 1982, en France en 1985 et en URSS en 1987 ainsi que dans le cadre du festival Way of the Warriors à Londres et à Düsseldorf. Il a dirigé une équipe d'experts du CVN Kalari qui s'est fait connaître au Japon. Il a remporté le State Kalaripayattu Championship en 1983 et en 1984. Durant les années 1980 et 1990, entre ses tournées de spectacles, Satyan a enseigné le mouvement et le *kalaripayattu* aux étudiants en théâtre à la National School of Drama à New Delhi, à la School of Drama à Trichur, à l'Université du Wisconsin aux États-Unis et à l'Université Waseda de Tokyo. Il a formé des acteurs engagés dans différentes productions aux États-Unis, en France et au Japon. Il a aussi travaillé comme chorégraphe et consultant pour des films tournés en malayalam et en hindi.

Sankara Narayana Menon dirige le *kalari* Vallabhatta qui serait la seule institution où le *marma chikitsa* est transmis par hérédité, et ce, depuis des dizaines d'années. Ce sont donc ses trois fils qui enseignent maintenant dans le *kalari*. Les hommes de la famille Mudavungattil étaient les commandants en chef du rajah Vettath et sont ensuite devenus maîtres en *kalaripayattu* pour la famille royale. Le *kalari* Vallabhatta traditionnel existe depuis le règne du rajah Vettath et a une réputation enviable depuis ces temps anciens.

S. R. Devi Prasad est né le 11 janvier 1945 et son frère, **Ambika Das,** le 9 septembre 1941. Leur père, le légendaire guerrier Chirakkal T. Sreedharan Nair, lui-même passionné de *kalaripayattu*, les a mis en contact avec cette discipline dès leur enfance. Un jour, au cours d'une démonstration de *kalaripayattu*, Prasad demande qu'un volontaire l'attaque et promet de se défendre sans donner de coups. Un homme prend une canne et attaque Prasad qui est tout à fait en mesure de tenir sa promesse. Il voulait confirmer la théorie de son père, à savoir que le *kalaripayattu* peut être utilisé comme moyen de défense sans qu'il soit nécessaire de heurter ou de blesser l'agresseur. Das, quant à lui, a cru nécessaire d'apprendre le massage du *kalaripayattu* afin de transmettre cet art de façon sincère. Les deux frères ont aidé leur père à rédiger un manuscrit en anglais sur le *kalaripayattu*. Prasad a également appris la lutte indienne et Das, la boxe ainsi que le karaté. Prasad vit à Kannur et dirige le Sree Bharat Kalari. Il suit maintenant les traces de son célèbre père, aujourd'hui décédé, et continue de promouvoir le *kalaripayattu* de diverses façons. De son côté, Das a pris sa retraite en 2002 et vit lui aussi à Kannur, où il s'adonne à son passe-temps favori, la peinture.

Sherif C. Mohamed est né le 15 janvier 1954. Il a commencé son apprentissage du *kalaripayattu* dès l'âge de cinq ans. Jusqu'à 12 ans, il s'est entraîné avec son grand-père, le dernier membre d'une famille de guerriers, et, par la suite, avec divers *gurukkal*. En 1978, il a commencé à enseigner dans sa cour arrière, puis, en 1982, il a créé la Kerala Kalaripayattu Academy. Durant six ans, il a collaboré étroitement à la préparation d'un ouvrage très approfondi sur le *kalaripayattu* intitulé *When The Body Becomes All Eyes*. Il a enseigné – et enseigne toujours – à de nombreux élèves venant des quatre coins du globe. Sa personnalité sereine et son dévouement total au *kalaripayattu* lui ont valu leur admiration. Plusieurs d'entre eux ont ouvert une école liée à son *kalari*, notamment au Royaume-Uni, en Allemagne, en Suède et aux Pays-Bas. Sherif leur rend souvent visite afin de leur transmettre ses connaissances.

MAÎTRES DE L'AÏKIDO

UESHIBA, Moriteru est né en 1951. Petit-fils du fondateur de l'aïkido, il fait partie de la troisième génération de la dynastie et est l'héritier de la direction d'Aikido World. Son père, Ueshiba Kisshomaru, l'a élevé au siège social d'Aikido World. Il n'est donc pas surprenant qu'il ait commencé à s'entraîner très jeune. Les maîtres plus âgés l'appelaient *Waka* (l'enfant – *the Kid*). En 1976, il a reçu son diplôme de la Meiji Gakuin University. Il est ensuite devenu maître au siège social d'Aikido World en 1986 et a été nommé président de la Fondation Aikikai en 1996. À la mort de son père en 1999, il est devenu *doshu*, le titre héréditaire donné au dirigeant d'Aikido World. La même année, il a été nommé président à vie de l'International Aikido Federation. Expert extrêmement gracieux et professeur exigeant, *doshu* Moriteru a promis de protéger l'héritage et l'essence spirituelle de l'aïkido maintenant que la discipline est pratiquée à travers le monde.

HIKITSUCHI, Michio est né en 1923 près de Shingu, dans la préfecture de Wakayama, au Japon. Il a commencé à s'entraîner aux arts martiaux à l'âge de 9 ans et a fait la rencontre de O'*Sensei*, le fondateur de l'aïkido, à 14 ans. Durant la Deuxième Guerre mondiale, Hikitsuchi *sensei* a enseigné les arts martiaux aux soldats de l'armée japonaise. Il a ensuite poursuivi son entraînement avec O'*Sensei* pendant plus de 20 ans. En 1969, il a obtenu son dixième dan aïkido quelque trois mois avant le décès du maître. Venant d'une famille riche, Hikitsuchi *sensei* a été en mesure de se dévouer entièrement à l'étude et à l'enseignement de l'aïkido. Il continue aujourd'hui d'enseigner au Kumano Juku Dojo à Shingu, pas très loin des chutes sacrées Nachi tant admirées par O'*Sensei*. Il a aussi produit une vidéocassette d'instructions sur l'aïkido. Le respect qu'il voue à son ancien maître est légendaire et il est encore capable aujourd'hui de réciter de mémoire des discours entiers prononcés par O'*Sensei* voilà plus de 50 ans.

YAMADA, Yoshimitsu est né en 1938. Il a commencé son entraînement d'aïkido à titre d'*uchi-deshi* (élève résident) au dojo Hombu en 1956. Après la Deuxième Guerre mondiale, Yamada *sensei* a enseigné l'aïkido aux soldats américains. En 1964, il devenait le premier aïkidoiste à s'établir de façon permanente aux États-Unis. En tant qu'instructeur en chef au New York Aikikai Dojo, Yamada *sensei* joue un rôle clé dans la propagation de l'art martial à travers l'Amérique du Nord et l'Amérique du Sud. Aujourd'hui détenteur d'un huitième dan aïkido, il est à la fois directeur technique et président de la United States Aikido Federation. Il est également membre du conseil supérieur de l'International Aikido Federation. Yamada *sensei* compte des disciples partout au monde et voyage constamment pour donner des séminaires. Bien qu'il ait des milliers d'étudiants, il est capable d'appeler chacun d'eux par son nom, même s'il ne les voit que rarement. Il est aujourd'hui un des maîtres les plus importants et les plus aimés au monde.

SAITO, Hitohiro est né en 1957 à Iwama, au nord-est de Tokyo, au Japon. Il a commencé à pratiquer l'aïkido à l'âge de sept ans. Son père était un des disciples originaux et proches de Ueshiba Morihei (O'*Sensei*). Saito *sensei* a commencé son entraînement avec O'*Sensei* et l'a poursuivi sous la supervision de son père après le décès du grand maître. Aujourd'hui encore, il fait preuve d'un amour et d'un respect considérables à l'égard de ses deux maîtres. Poursuivant une tradition qui est pour lui à la fois essentielle et « très japonaise », il enseigne à l'Aiki Ibaraki Dojo, où il est reconnu pour la discipline sévère qu'il a lui-même apprise d'O'*Sensei*. Dans son enseignement, Saito *sensei* met avant tout l'accent sur l'importance de perpétuer la vision du fondateur, surtout maintenant que la discipline est pratiquée à travers le monde. O'*Sensei* incarnait l'aspect profondément spirituel de l'aïkido, pense-t-il, et c'est cette dimension – qui à son avis disparaît lentement – qu'il s'efforce aujourd'hui de préserver.

lexiQUE

CAPOEIRA

Academia (aka-DE'mia) : académie, école.

Agôgô (a-go-go) : une clochette à deux tonalités.

Angola (ã'GO-la) : style traditionnel de *capoeira* ; associé à *mestre* Pastinha.

Angoleiro (ang-go-LEI-ro) : *capoeirista* pratiquant le style *angola*.

Atabaqué (a-ta-BA-ki) : une grosse caisse percussion utilisée dans les ensembles de musique de *capoeira*.

Aú (ah-OU) : faire la roue.

Batizado (bati'ZA-du) : cérémonie d'initiation, baptême en *capoeira regional*.

Batuqué (ba'TU-ki) : événement de danse et musique de style afro-brésilien.

Bênção ('ben-SAUW) : coup de pied frontal surnommé « la bénédiction ».

Cabaça (ka-BA-sa) : gourde de résonance du *berimbau*.

Cabeçada (kabe'SA-da) : coup de tête.

Camará ('ka-ma-RA) : camarade ; compagnon de jeu de *capoeira*.

Candomblé (kãdo'BLE) : un culte afro-brésilien.

Capoeirista (ka'pwej-RI-sta) : joueur, adepte de la *capoeira*.

Caxixí (ca-XI-xi) : petit sablier tressé utilisé avec le *berimbau*.

Chamada (cha'MA-da) : « l'appel », le nom d'une routine lors d'un jeu de *capoeira* ; forme abrégée de *chamada de bênção* ou *chamada de Mandinga*.

Contramestre (kotra'MESH-thre) : un instructeur qui travaille sous la direction d'un maître dans une académie.

Favela (fa'VE-la) : « bidonville » en portugais du Brésil.

Ginga (ZHEEN'gah) : la base, la « ginga », le mouvement fondamental.

Maculêlê (macu-LÊLÊ) : danse guerrière exécutée en frappant deux bâtons ensemble.

Malicia (ma'LI-sja) : tricherie, double jeu, dissimulation.

Mandigueiro (man-di-GYEI-ro) : sorcier, guérisseur, synonyme de « joueur de *capoeira* ».

Mestre ('MESH-thre) : maître.

Moeda ('mw-EDA) : pièce de monnaie utilisée pour jouer au *berimbau*, synonyme de *dobrão*.

Nome de guerra ('NO-mi di GUE-rra) : surnom donné à un joueur au fil des ans de sa pratique, parfois lors de son *batizado*.

Orixá (ori'-XA) : déités que l'on retrouve dans le candomblé, dénommées « saints ».

Oxalá (ocha-'LA) : une des Orixa afro-brésiliennes, symbole de la pureté.

Palmares (pal-MA-res) : le plus connu des *quilombo*. Cette communauté d'esclaves fugitifs a survécu durant presque tout le XVIIe siècle.

Pandeiro (pã'DHE-jru) : tambour.

Quilombo (qui-LOM-bo) : communauté d'esclaves fugitifs.

Reco-reco (XE-ko XE-ko) : instrument de musique ; planche de bambou semblable à une planche à laver traditionnelle.

Regional (xejo'NAUW) : style moderne de *capoeira* ; associé à *mestre* Bimba.

Roda ('XO-da) : cercle ; l'espace pour jouer à la *capoeira*.

MUAY THAÏ

Ajarn (a-JARN) : un maître de *muay thaï*.

Ayutthaya (a'YOO-ta-yaa) : fondée vers 1350, Ayutthaya devient la deuxième capitale siamoise après Sukhothaï. Elle est détruite par les Birmans au XVIIIe siècle. Ses vestiges, caractérisés par les *prang*, ou tours-reliquaires, et par des monastères aux proportions gigantesques, donnent une idée de sa splendeur passée.

Chedi (che-DEE) : une pagode qui abrite des cendres.

Krabi krabong (gra'BEE gra'BONG) : l'art du combat à l'épée qui a longtemps été art national.

Lumpini (LUM-pee-nee) : le stade Lumpini, un point de repère à Bangkok ; une des deux adresses incontournables pour les combats de *muay thaï*.

Mongkon (mong-KON) : un serre-tête que le boxeur doit mettre avant de monter dans le ring ; une amulette.

Naresuan (na-RAY-su-on) : roi de Siam (1563-1612) et l'un des plus fameux guerriers thaïlandais.

Prajied (PRA'ji-e (d) : deux bandelettes d'étoffe nouées autour du bicep que le boxeur met avant de monter dans le ring ; une amulette.

Pee chawaa (pii-chawaa) : un instrument similaire au hautbois.

Ramakien (ra-MA-ki-en) : version thaïlandaise du conte épique indien intitulé *Ramayana*. Son influence sur la culture thaïe est très forte.

Wai khru ram muay (wai-KROO-ram-MOIY) : une danse d'hommage rituelle que les boxeurs exécutent avant un match en l'honneur du professeur, de l'entraîneur et du roi.

Wat Yai Chai Mongkhon (wa (t)' YAIY CHAIY-mong-kon) : ce temple commémore la bataille qui a rendu le roi Naresuan célèbre.

KARATÉ

Budokan (b'DOO-kan) : centre d'arts martiaux que l'on trouve dans chaque grande ville japonaise.

Bunkai (BUN'kai) : l'application des attaques et contre-attaques d'un kata contre un adversaire réel.

Chishi (CHI-shi) : un bâton qui se termine par un poids en pierre, utilisé à des fins d'entraînement.

Gi (gii) : uniforme d'entraînement du karaté, traditionnellement en blanc.

Hojo Undo (HOO-jo-UN-doo) : système d'exercices de renforcement avec des outils agraires traditionnels.

Izakaya (i-za-KA-ya) : un bistro au Japon.

Jundokan (JU'doo-kan) : le dojo considéré comme la Mecque du karaté goju ryu à Okinawa.

Karate buyo (ka-RA-te B'yoo) : une fusion unique des katas de karaté et de kobudo avec la danse traditionnelle d'Okinawa.

Karateka (ka-Ra-te-ka) : un adepte du karaté.

Kata (KA-ta) : une série précise de mouvements qu'on exécute contre un adversaire imaginaire.

Kobudo (ko-B'do) : ancien art de combat d'Okinawa.

Roshi (RROO'shi) : maître zen ; titre équivalent à celui de *sensei* pour les bouddhistes zen.

Sanchin (SAN-CHIN) : un kata de base de respiration.

Sashi (SA-shi) : sorte de cadenas en pierre qui permet d'améliorer la force de frappe.

Seienchin (SAY-un-chin KA-ta) : le nom propre d'un kata.

Sensei (SEN-say) : maître.

Shuri-jo (SHUU-ri-JOO) : le château Shuri-jo original, datant du XVe siècle, a été détruit pendant la Deuxième Guerre mondiale. La réplique actuelle a été reconstruite avec soin, pierre par pierre.

Tan (TA'n) : l'essieu d'une roue de chariot ; renforce les avant-bras et les poignets et permet ainsi d'améliorer la saisie.

Zazen (ZA-zen) : classe de méditation zen.

Zen (zen) : une des écoles de bouddhisme au Japon qui privilégie la méditation assise comme moyen d'atteindre l'illumination.

KALARIPAYATTU

Ankathari (anga-THAA-ri) : la troisième étape du kalaripayattu ; entraînement avec des armes en métal.

Ayur (AA-yur) : un mot sanskrit qui indique la vie elle-même dans un sens très vaste ; la combinaison des cinq sens, de l'esprit, de l'âme et du corps.

Ayurveda (AA-yur-vey-da) : *ayurveda* est composé de deux mots sankrits. *Ayu* signifie « vie » et *veda*, « science » ou « connaissance » : la science de la vie. L'*ayurveda* est l'une des sciences médicales les plus anciennes du monde. L'*ayurveda* est plus orienté vers la vie et la santé que vers la maladie et la thérapeutique. Il représente une science totale de la vie et décrit la santé de l'être humain dans sa globalité et de manière holistique.

Bali (BA-li) : rituel d'offrande.

Cananore (KA-na-noor) : le nom anglais pour Kannur. Ne s'utilise plus.

Ganesha (Ga-ney-SHAA) : Ganesha, aussi appelé Ganapati, est l'un des dieux hindous les plus populaires en Inde. Il porte bonheur et aide à surmonter les obstacles.

Gurukkal (gu-ru-KKAL) : forme plurielle du mot « gourou » ou « maître ». Le maître individuel est appelé *gurukkal*, car il incarne la somme des connaissances de ceux qui l'ont précédé.

Kachhakettal (kat-CHAKAY'-ttal) : l'attachement du *katcha*.

Kalari (KA-la-ri) : lieu d'entraînement ; le terme kalari signifie « lieu ouvert » ou « champ de bataille ».

Kannur (ka-NN-u.r) : située dans le nord du Kerala, la ville de Kannur – ou « Cananore », comme l'appellent les Anglais – constitue un port commercial important depuis le XIIe siècle.

Katcha (kat-CHA) : pagne mesurant environ 2 m de longueur qui est porté par-dessus la bande-culotte traditionnelle pendant le combat et l'entraînement. Il protège le *prana*, ou « force de vie », des guerriers pendant le combat.

Kerala (Kay-ra-la) : sur la côte sud-ouest de la péninsule indienne, l'État qui est le lieu d'origine du *kalaripayattu*.

Kettukari (ke'-TTU-kaa-ri) : longue canne mesurant plus de 1,5 m qui est utilisée comme arme.

Koltari (ko:l-THAA-ri) : *kol* pour « arme de bois » et *thari* pour « séquence ». En *kalaripayattu*, *kolthari* est la séquence d'exercices pour les armes en bois.

Krishna (kri-SH-na) : le dieu Krishna est la huitième incarnation du dieu Vishnu. Il est vénéré par les hindous et reconnu pour son courage dans la lutte contre les forces du mal.

Marma (mar-MA) : les 107 points vitaux du corps.

Marma prayogam (mar-MA PRA-yo:-gum) : signifie littéralement « attaque et défense des *marma* ». En pratique, *marma prayogam* comprend l'indentification, l'étude et le traitement des blessures aux points vitaux.

Meipayattu (me'i-PA-ya-ttu) : signifie littéralement « ensemble d'exercices de maîtrise du corps ». Ces exercices améliorent la respiration, la force et la souplesse grâce à des postures, des coups de pied et des sauts faits en séquences complexes.

Nayar (naa-YAR) : la classe ancienne des guerriers du Kerala dont l'équivalent pourrait être la classe des samouraïs japonais.

Parasurama (pa-ra-SHU-raa-ma) : le créateur mythologique du Kerala et du *kalaripayattu*. Selon la légende, le sage guerrier Parasurama, la sixième incarnation du dieu Vishnu, a créé le Kerala en lançant sa hache de combat dans la mer. Il a ensuite construit 108 kalaris et a ordonné à ses disciples, les premiers *gurukkal*, d'utiliser le *kalaripayattu* pour protéger leur terre nouvelle.

Pooja (poo-JAH) : prière rituelle pour les hindous.

Poothra (poo-THA-ra) : un autel de sept marches, construit dans le coin sud-ouest à l'intérieur du *kalari*.

Prana (praa-NA) : force de vie ou *chi, ki*.

Rajah (raa-JA) : roi ou souverain.

Sangam (SAN-gam) : la période Sangam, souvent considérée comme le summum de la civilisation dravidienne et la plus prolifique culturellement.

Theyyam (THEI-yyam) : une des danses ritualistes les plus populaires du Kerala exécutée traditionnellement dans un temple hindou ; une forme de culte symbolique, un spectacle pour les dieux, les esprits, les ancêtres et les animaux. La danse est fortement influencée par le *kalaripayattu*.

Trivandrum (TRI-vaen-drum) : la capitale de l'État du Kerala.

Urumi (u-RU-mi) : double lame très souple qui ressemble à un fouet ; a été à une époque l'arme préférée des femmes qui la camouflaient en la portant comme une ceinture.

Uzhichil (u-RYI-chil) : massage traditionnel ayurvédique qui stimule le système nerveux et le système circulatoire.

Valathunere'y – edathunere'y (va-la-THE-nay-ray – e-da-THE-nay-ray) : jambe droite en haut, tout droit – jambe gauche en haut, tout droit. Commande orale.

Veda (ve'da) : science ou connaissance dérivée d'une source divine.

Verumkai prayogam (vey-RUM-kai PRA-yo:-gum) : combat à mains nues ; technique de combat basée sur la connaissance des *marma* ; quatrième et dernière étape du *kalaripayattu*.

AÏKIDO

Aikikai Hombu (AI-ki-KAI HOM-bu) : maison mère et dojo ou centre d'entraînement considéré comme le plus sacré.

Bokken (BO'ken) : épée de bois.

Budo (bu-DOO) : la voie martiale ; englobe non seulement l'entraînement physique mais aussi la poésie, la calligraphie, la cérémonie du thé et la fabrication des épées.

Bushido (BU-shi-doo) : la voie du guerrier. Code oral dont l'éthique de conduite exige vérité, bravoure, loyauté et honneur.

Daruma (DA-ru-ma) : la poupée Daruma est inspirée de la légende d'un moine bouddhiste indien appelé « Bodhidharma » en Chine et « Daruma » au Japon. On donne généralement une poupée Daruma pour apporter chance et protection au début d'un nouveau projet.

Doshu (DOO-shu) : le petit-fils du fondateur de l'aïkido ; signifie « chef ».

Gi (gii) : l'uniforme d'entraînement blanc.

Hakama (HA-ka-MA) : une jupe-pantalon portée par-dessus le *gi* par les hauts gradés ceinture noire.

Hombu (HOM-bu) : le siège social d'une école d'art martial.

Jo (jo) : bâton utilisé comme arme durant l'entraînement.

Kanji (KAN-ji) : caractère calligraphique japonais.

Katana (KA-ta-na) : épée traditionnelle japonaise.

Ki (ki) : énergie vitale.

Nage (NA-ge) : défenseur (comme dans attaquant et défenseur).

O'Sensei (OO-sensay) : le fondateur de l'aïkido.

Tamaguchi (TA-ma-gu-chi) : une offrande, généralement pour un temple.

Tatami (TA-ta-MI) : un tapis rectangulaire fait en paille. Unité de mesure pour une pièce japonaise.

Uchi deshi (U-chi DE-shi) : élève résident, pensionnaire d'un dojo.

Uke (U-ke) : attaquant.

*Note : par souci de rigueur, nous n'avons accordé aucun mot étranger au pluriel et, compte tenu de certaines hésitations dans l'écriture du thaïlandais et du malayalam, nous avons dû trancher en faveur de l'orthographe qui nous semblait la plus courante. Par ailleurs, dans les chapitres consacrés au karaté et a l'aïkido, nous avons choisi de présenter les noms propres de personnes à la japonaise ; ainsi, le nom de famille est écrit en majuscules, il précède le prénom et en est séparé par une virgule.

remer<small>CIEMENTS</small>

Il y a tant de personnes que je voudrais remercier que je crains d'en oublier.

En tout premier lieu, à ce grand créateur qui partage ma vie et dont le jugement m'a été si précieux tout au long de ce périple ; celui qui a accepté avec grâce, fierté, tristesse que nous nous séparions à répétition pendant presque deux ans pour me permettre d'accomplir ce que je devais accomplir, à mon bel amoureux Jacques Nadeau.

À celle qui, dès la première heure, m'a encouragée, soutenue, dirigée, nourrie et qui m'a fait raconter après chaque voyage ce qui était arrivé afin que rien ne se perde ; une amie comme on en a peu dans la vie, Michelle Laplante.

À Tiziana B. Saad, que j'ai connue sur les tatamis d'un dojo d'aïkido il y a quelque 30 ans, mon amie et partenaire de travail, pour sa grande rigueur dans la révision des contenus et dont le courage inébranlable m'a inspirée.

À Sandra Whiteley, toujours prête malgré les accidents, la maladie, l'heure ; celle qui a mis ses talents de dessinatrice à contribution, obtenu des archives, sélectionné les images vidéo. *Thank you.*

À tous ceux et celles qui ont contribué à cette colossale production écrite et télévisuelle, qui ont dû vivre à mon rythme, qui est celui des passionnés hyperactifs : mes collègues de chez Idéacom International (Valérie, Marie-Ève, Jean-François, Karl, Lucie, Eyad), les équipes de tournage canadiennes (Paolo, Christian) et tous ceux qui ont fait partie des équipes au Brésil (Fernando, Luciano et Roberto), en Thaïlande (Nunoiy), à Okinawa (Lona et Sho), au Japon (John et Kyoko), en Inde (« aux 19 » dont Swapna, Murali et Anureeta) et en France (Sébastien, Cyril et Thierry).

À Michael Wees, talentueux directeur photo des six documentaires, qui a aussi mis la main à l'appareil photo. À Daniel Ferguson et Abhish Birla, mes deux fidèles compagnons de voyages, qui m'ont réellement soutenue et qui ont capté en photos mes séances d'entraînement ainsi que mes rencontres avec les maîtres.

Un merci particulier à Anne Sobota et Colette Désilets, qui ont su capturer la beauté dans la grande pauvreté de Salvador de Bahia.

À Lesley Junlakan, une sorte de grande sœur déracinée de Londres qui a choisi l'Asie comme chez-soi, qui m'a servi d'interprète et de conseillère culturelle au Japon et en Thaïlande.

À Mélissa, à qui le classement de milliers de photos a certainement dû provoquer quelques maux de tête.

À l'équipe de Creative Anarchy, Bob Sandler, Damien, Peter : *a big hug and thank you.*

À Erwan, à ton premier livre aux Éditions de l'Homme... et à une équipe qui a dû travailler avec une auteur dont le premier métier est d'être productrice. Ça chambarde la vie un tantinet !

À ma mère qui, découragée, hoche la tête chaque fois qu'elle voit sa fille unique enfiler une paire de gants de boxe, mais qui en a vu bien d'autres avec moi, et peut-être même davantage qu'avec mes quatre frères réunis !

À mon père, qui a fait de moi une citoyenne du monde, qui m'a transmis sa détermination, un sens de la justice, des gènes de sportive et surtout le droit de croire que tout est possible si on travaille fort.

À Merle Wertheimer, Norma Wathey, Annie Elbaz, Elaine Brooks : merci les filles.

À Marc-André.

À Dan Inosanto, ce grand vulgarisateur, celui qui met toujours les arts martiaux en perspective historique pendant chacun de ses cours.

Grâce à Bob Carver, j'ai eu l'occasion de participer à deux de ses séminaires et le bonheur de lui être présentée afin de lui faire part de mon projet. Merci, *guro* Dan de m'avoir fait le grand honneur de préfacer ce livre.

À Carlo L. Borelli et Massimo N. Villadorata, deux *sensei,* qui m'ont fait découvrir respectivement le karaté et l'aïkido à l'époque de la naissance de ces arts au Québec.

À mes fidèles amis d'arts martiaux qui m'ont accompagnée dans cette grande aventure, qui ont validé quantité d'informations, qui m'ont ouvert leurs écoles, tout particulièrement Bob Carver, Jean Frenette, Colette Désilets et d'autres comme Philip Gélinas pour sa collaboration.

À Claude Berthiaume et à Robert Saad pour tout ce que vous avez fait, même si votre humilité de guerriers vous portera à le nier.

À Guillermo, mon *uchi deshi* favori, qui aspire à devenir un grand cascadeur.

À Yamada *sensei* au Japon, à Kinjo à Okinawa, et à Yonnel en France, qui sont allés au-delà du possible pour m'éviter des faux pas et me faciliter les rencontres, la compréhension, l'usage de l'étiquette...

À tous les maîtres, *sensei, mestre, gurukkal* et *ajarn,* qui ont accepté de partager un peu de leur savoir et de leur expérience de vie ; ils m'ont ouvert les portes de leurs écoles et de leur sagesse. Je ne saurai jamais assez vous remercier. Puissiez-vous être une source d'inspiration pour encore bien des personnes.

Et aux autres, qui auront reconnu leur contribution dans ces pages. Ceux qui m'ont aidée de près ou de loin.

table des MATIÈRES

Préface   9
Avant-propos   10
Fiches techniques   14

Capoeira   26
Muay thaï   62
Karaté   96
Savate   132
Kalaripayattu   170
Aïkido   208

Biographies des maîtres   246
Lexique   250

Achevé d'imprimer au Canada
en janvier 2004
sur les presses des Imprimeries Transcontinental Inc.
division Imprimerie Interglobe